世界一シンプルな思考トレーニング

問題解決ドリル

坂田直樹
Naoki Sakata

ダイヤモンド社

はじめに　ズレをなくして、問題を解決する

飼い犬のパグは、よく私のもとに骨を持ってきます。目が合うと、「お前も欲しかったんだろ。ちょっとわけてやるよ」と言わんばかりのドヤ顔で去っていくのです。

おそらく彼は、「自分が喜ぶことは相手も喜ぶ」と思って、そうしているのでしょう。犬だから仕方ないと思いますが、実はビジネスシーンでも似たようなことが起きています。

- 上司は解決策が欲しいだけなのに、一生懸命パワーポイントの体裁を整える部下
- ただテレビを見たいだけなのに、不必要なボタンばかりのリモコンをつくるエンジニア
- セーターを買いに来ているのに、オススメのジャケットを提案してくる店員

と、自分の立場だけで「問題を解決しようとする」人がいますが、もちろんこちらの問題は解決されるはずがありません。

そこには「ズレ」が起きています。

相手の困っていることを解決して、初めて価値が生まれるのです。

問題解決能力に優れた人には共通点があります。孫子も、ドラッカーも、ドラえもんも同じことをしています。

孫子は「敵を知り己を知れば百戦殆うからず」と言葉にしました。ドラッカーは企業の存在目的を「顧客の創造」、つまり顧客の問題を解決するために企業は存在すると定義しました。ドラえもんはのび太くんがむせび泣きながら言ってくることに耳を澄まし、ニーズにマッチした道具を提供しています。

つまり、自分の立場だけではなく、相手の立場も考え、擦り合わせて重なりをつくることが、問題解決には欠かせないのです。

どうもはじめまして、マーケターの坂田直樹と申します。本書は「ズレをなくして、問題を解決する」ことがテーマですので、読者の皆さんと私がズレないように、先に私の自己紹介をし、本書はどのような読者と重なるのかを話せればと思います。

私は新卒でユニリーバ・ジャパンという消費財メーカーに就職し、ブランド戦略の立案、商品開発を行うマーケティング部門でキャリアをスタートさせました。横文字と専門用語が飛び交い、ついていくのに必死だった私を悩ませたのが、「商品コンセプトをつくってくれ」という依頼でした。

自分なりにコンセプトをつくって提案しても、「これはコンセプトじゃないねぇ」と言われるだけ。あまりにも周りのマーケターが当たり前のようにコンセプト、コンセプト言っているので、聞くわけにもいかず、conception を辞書で調べました。

そこには「①概念、②構想」と書かれており、「まあそうだよなあ」と新鮮味がなかったのですが、３つ目に「受胎、妊娠」と書かれていたのです。

コンセプトが受胎？　さらに、調べてみると、語源は「Conceive＝宿る」からきていることがわかりました。コンセプトとは、精子と卵子が出会い重なり合っているものでなくてはいけない。つまり、ユーザーニーズと自社の強みを重ね合わせないとコンセプトにはなり得ないことを発見したのです。

あれから10年。今は企業と生活者のズレをなくすために、日本中の生活者が企業の企画会議にオンライン上で参加できる日本最大の共創プラットフォームBlabo!を構築しています。

同時にそこで生まれた生活者インサイトを活かして、キリンビール、ハウス食品、森永乳業といった大手企業から神奈川県や鳥取県などの地方自治体まで幅広いクライアントのコンサルティングを行っています。

私のもとにはいろいろな問題が持ち込まれます。イオンに出店する大型店舗のコンセプトメイキングの依頼から、ロボットと生活者の接点をつくるためにはどうしたらよいかという経済産業省からの相談まで、多岐にわたります。

私自身は、消費財メーカーのなかでのマーケターから、外の企業のマーケティング支援をする立場になり、さらには共創プラットフォームBlabo!を立ち上げるなど、目まぐるしく状況は変わっていますが、考え方は、まったく変わっていません。

それは「相手の切実な問題」を捉えて、

「自社のできること」をそこに重ねて、

問題を解決することです。

「問題解決」と捉えてしまうと難しい手法や分析が必要と思われがちですが、そんなことはありません。

マーケティングを知らなくても、「誰」の「どの問題」を解決するために自分は仕事をしているのか、相手さえわかれば、あとは自分のできることと重ねればいいのです。

「重なり思考」は一つの図を埋めていくだけで、問題解決ができる考え方です。たったひとつの図ですべての問題を解決するという言葉は大げさかもしれませんが、ビジネスは相手がいて初めて成立するわけですから、自分と相手の重なりを発見するという考え方は、普遍的であり、さまざまな問題解決に役立つのです。

ですので、本書はマーケティング担当者や経営企画の方だけではなく、営業マンや社内でコミュニケーションに悩んでいる新入社員をはじめとした幅広い方にもぜひ読んでもらいたいと思っています。

本書で紹介する30の技術は頭で考えた手法ではなく、マーケターとして現場で問題を解決していくなかで編み出した、リアリティのある考え方です。理論を学ぶというよりは、今日からあなたも仕事ですぐに使えるものとなっているはずです。

本書を通じて、皆さんと相手のズレがなくなり、問題解決ってシンプルだったんだと考えていただければ、著者としてうれしく思います。

問題解決ドリル

世界一シンプルな思考トレーニング

目次

はじめに　ズレをなくして、問題を解決する……1

「たった1つの図」で、問題を解決できる……17

ズレた問題解決はもうやめよう……18

問題を解決する前に「誰の問題を解決するか」を考えよう……20

なぜショッピングモールにある中古車販売店が大人気になったのか？……22

「重なり思考」を始めよう……23

第1章

「無理難題」を解くための考える力が身につく……27

Q01 ユニバーサル・スタジオ・ジャパンはどのようにしてV字回復させたのか？……29

Q 02 中古車販売店「ガリバー」がロードサイドではなくショッピングモールの出店で成功したわけは？……35
Q 03 国内で累計100万台を超えるロボット掃除機「ルンバ」はどのようにして生まれたのか？……41
Q 04 優勝争いに食い込めなかった楽天イーグルスが初年度から黒字を達成した戦略とは？……45
Q 05 「スタディサプリ」はどのようにして、受験生の2人に1人が使うサービスに成長したのか？……51
Q 06 10分1000円で展開するQBハウスに、なぜライバルが存在しないのか？……57

第2章

制約のなかで、「解決策」を考える力が身につく……63

Q07 「近畿大学」がなぜ偏差値以外の理由で全国でいちばん受験者数が多い大学になれたのか？……65

Q08 「タイムズ」を展開するパーク24のカーシェアビジネスが黒字化できた秘策とは？……71

Q09 日本交通はどのようにして選ばれるタクシー会社となったのか？……77

Q10 たった人口18万人の街が、どのようにして大都市に並ぶ観光地に生まれ変わったのか？……83

Q11 「ネスカフェ」はどのようにしてオフィスコーヒー市場で成功したのか？……89

Q12 スター動物のいない動物園が、どのようにして入場者を増やしたのか？……93

第3章 「共感される戦略」を考える力が身につく……97

Q13 中古物件を扱う「東京R不動産」は、新築に負けない価値をどのようにつくりだしたのか？……99

Q14 「JR東日本」が発見した、鉄道事業以外の自社の大きな可能性とは？……105

Q15 「Wii U」は、どのようにしてお茶の間に受け入れられたのか？……111

Q16 廃線寸前のローカル線「いすみ鉄道」に、乗客を増やすには？……117

Q17 漫画が売れない時代に、「宇宙兄弟」はどうやって人気を維持しているか？……123
Q18 JINS PCは視力矯正用のメガネではないのに、どうして600万本以上売れたのか？……129

第4章 常識を疑い、「新しい価値」を考える力が身につく

……135
Q19 苦戦していた「フルグラ」は商品をそのままにどのように売上を伸ばしたのか？……137
Q20 「Pepper」は何をあきらめたことで、成功を果たしたのか？……143
Q21 ヤマト運輸が、宅配ロスを減らすためにとったある行動とは？……149

Q22 ジャパネットたかたは、どのように家電量販店をしのぎ、シニア層を獲得できたのか？……155
Q23 オフィスの習慣を覆したオカムラの新商品は何を変えたのか？……161
Q24 SmartNewsは、なぜ日本でいちばん使われるニュースアプリになったのか？……167

第5章 「オリジナリティ」を考える力が身につく

……173
Q25 ニューヨーカーが嫌いな明太子を、どのようにして人気メニューとしたのか？……175
Q26 日本一人口の少ない鳥取県が、自県の可能性を再発見するために行ったこととは？……181

Q27 「缶つま」は商品をそのままに何を変えて売上を伸ばしたのか？……187
Q28 グラミン銀行はどのようにして貧困層を相手に融資をできるようにしたのか？……193
Q29 格安扇風機があるなか、1台3万円もするバルミューダの扇風機はなぜ売れたのか？……199
Q30 アスクルの成長の裏に、速さ以外に何があったのでしょうか？……205
おわりに　やわらかに問題解決を……211
参考文献……221

問題解決ドリル

序章

「たった1つの図」で、問題を解決できる

ズレた問題解決はもうやめよう

ピーター・ドラッカーは、企業の存在意義を「顧客の創造」であると言っています。当たり前ですが、あらゆる企業は、顧客の問題を解決するために存在しているのです。ラーメン屋もフェイスブックも商社も同様です。

にもかかわらず、使いもしないサービスになかば強制的に加入させる携帯キャリアをはじめとして、多くの企業は自社の論理で考えてしまいがちです。短期的には利益が上がるかもしれませんが、自社の都合を押し付けていると、顧客の立場に寄り添ったプレイヤーが出てきたときに負けてしまいます。

それは、自分の問題を解決しているだけにすぎず、顧客の問題を解決していないからです。

近江商人の心得である「売り手良し、買い手良し、世間良し」のように、売り手も買い手もともに満足できるフィット感が大切です。

世阿弥はそれを、自分がどう見るかという「我見」と、相手がどう見るかという「離見」

と表現しましたが、どうしても私たちは「我見」で見てしまいがちです。

「会社の常識は世間の非常識」という言葉がありますが、同じ会社に長く勤めていると、自分にとっての当たり前が世間とズレていってしまいます。

ここ数十年でテクノロジーは飛躍的に発達し、問題解決手法は体系立ててまとめられ、「問題解決本」が書店に山ほど陳列されているにもかかわらず、なぜ問題は増える一方なのでしょうか。


それは問題を解決するにあたり、「自分がどの顧客の問題を解決するか」という大前提が抜けているからです。その結果、自分と相手のあいだにズレが起きてしまいます。


「いい技術だから絶対に売れると思ったのに、まったく売れなかった」

「売上目標を達成するために、たくさん営業先を回ったのに相手にしてもらえなかった」

「社内で議論してサービスを出したけど、誰の問題も解決していなかった」

という事例は枚挙にいとまがありません。

「誰の問題を、何をもって解決するか」を正しく理解していないと、一向に問題は解決されません。

誰の問題も解決していなければ、どんなに素晴らしいテクノロジーがあったとしても重なりはつくれないのです。

たとえば、歩行の代替手段として注目されたセグウェイですが、いよいよ街で見かけることなく消えていってしまいました。ちょっと買い物に行くときに、いちいちセグウェイに乗ろうと思う人がどれだけいたのでしょうか。健康のためにも歩きたいですし、気軽に近所に行きたいのであれば自転車で十分だったのです。

問題を解決する前に「誰の問題を解決するか」を考えよう

自分たちの問題を解決しようとしているだけで、顧客の問題、市場の問題を解決していなかったということにならないためにも、「相手の思い」と「自社の思い」を重ねていくことが大切なのです。

本書では、①相手が切実に困っていることを発見し、②自分のポテンシャルを理解して、

③重なりをつくる技術を「重なり思考」という問題解決の方法としてまとめています。

まず、顧客の切実な問題を解決するために、事業は存在すべきです。しかし、自分自身が顧客ではないので、顧客の本音がわからなくなってしまうことがあります。切実に困っていることがわからなくなると、想像で自分たちにとって都合のいい問題をつくり、解決したつもりになってしまいます。

どうすれば顧客の本音を発見することができるか、さまざまなケースを通じて紹介していきます。

次にあなた自身、会社自身のポテンシャルをしっかりと理解することが大切です。顧客のニーズがわかったとしても、あなただからこそできることでなければ希少性はありません。

最後に、顧客の切実な問題に、あなたの独自性を重ねていくことが問題解決のカギとなります。顧客に合わせすぎて自分を失うことなく、あなたが強すぎて顧客とのズレが起きないように、やわらかにソフトタッチで重ねていきましょう。

なぜショッピングモールにある中古車販売店が大人気になったのか？

なぜ「重なり思考」が効果的なのか、実際に問題を解決した例を見ていきましょう。

私は、２０１４年に当時のガリバーインターナショナル（現ＩＤＯＭ）がショッピングモールに店舗を出す際のプロデュースを担当しました。

中古車販売店って入りづらいですよね。営業マンが待ち構えていそうな気がして気構えてしまいます。そうなると、新規顧客と出会う機会がなかなかありません。そこで、ガリバーは、より身近な存在になるべくショッピングモールに新規店舗を出すことにしたのです。しかし、従来通りの方法では、毎週末軽い気分でショッピングモールを訪れる家族連れが入りたいと思える店舗をつくれません。

中古車販売店と、気軽にきた家族連れのやわらかな接点をいかにつくるかが、ポイントになることはわかっていました。

ショッピングモールに行ってみるとわかりますが、ランチの後はこれといった予定もなく、ただ歩き回っている家族連れの姿をよく見かけます。家族の声を聞いてみると、こんな意見が聞こえてきました。「本当はショッピングモールに来たかったわけじゃないんだけど……」。そこには、たまには子どもを連れて遠出したいというお父さんの本音があったのです。

このお父さんの本音に、ガリバーの「多くの人に移動を通じた体験を楽しんでもらいたい」というビジョンを重ねた店舗をプロデュースすることにしたのです。

くわしくは、35ページの「中古車販売店『ガリバー』がロードサイドではなくショッピングモールの出店で成功したわけは?」を読んでいただきたいのですが、従来のロードサイド店舗を敬遠していたような家族も訪れるようになり、自動車の買い換え時期の数年前から見込み客との関係を構築できるようになりました。

「重なり思考」を始めよう

私はふだん、商品プロデュース、地域の特産品プロデュース、観光ブランディング、店舗プロデュース、ウェブサービスの開発、事業開発と多岐にわたる領域のプロジェクトに関わっています。1つだけ共通するのはクライアントの独自性を発見して、ターゲットの本音を見つけ出し、接着する「重なり思考」ですべての問題を解決していることです。

相手の問題を発見し、自社のできることを発見して、それらを重ねるということは、あらゆる問題に応用できる普遍性があるのです。

シンプルな思考方法ではありますが、勝てる思考なのです。

本書を読めば、顧客の切実な問題をしっかり捉え、ズレをどうなくせばいいかを理解できるので、問題解決の精度が高まります。

孫子の「敵を知り己を知れば百戦殆うからず」ではありませんが、「自社の独自性を発見し、顧客の切実な問題を発見すれば、問題解決危うからず」です。

ぜひ、本書で取り上げる30のケースをそれぞれの当事者として考え、問題解決力を上げていただければと思います。

「重なり思考」の使い方

「企業の強み・思い」と「生活者の本音」を重ねていくと、そこには必ず「答え」があります。いい商品・サービスをつくれば必ず売れるわけではありません。これから30のケースを紹介します。たった1つの図を使って、問題を解決する力を身につけていきましょう。

自社の独自性やポテンシャルを発見しましょう。また、社内の常識が邪魔をしてやりたいことができていない本来の思いを再発見することが大切です。

生活者は言葉にしていないだけで、実はまだ満たされていない欲求があります。その不安や不満を発見しましょう。

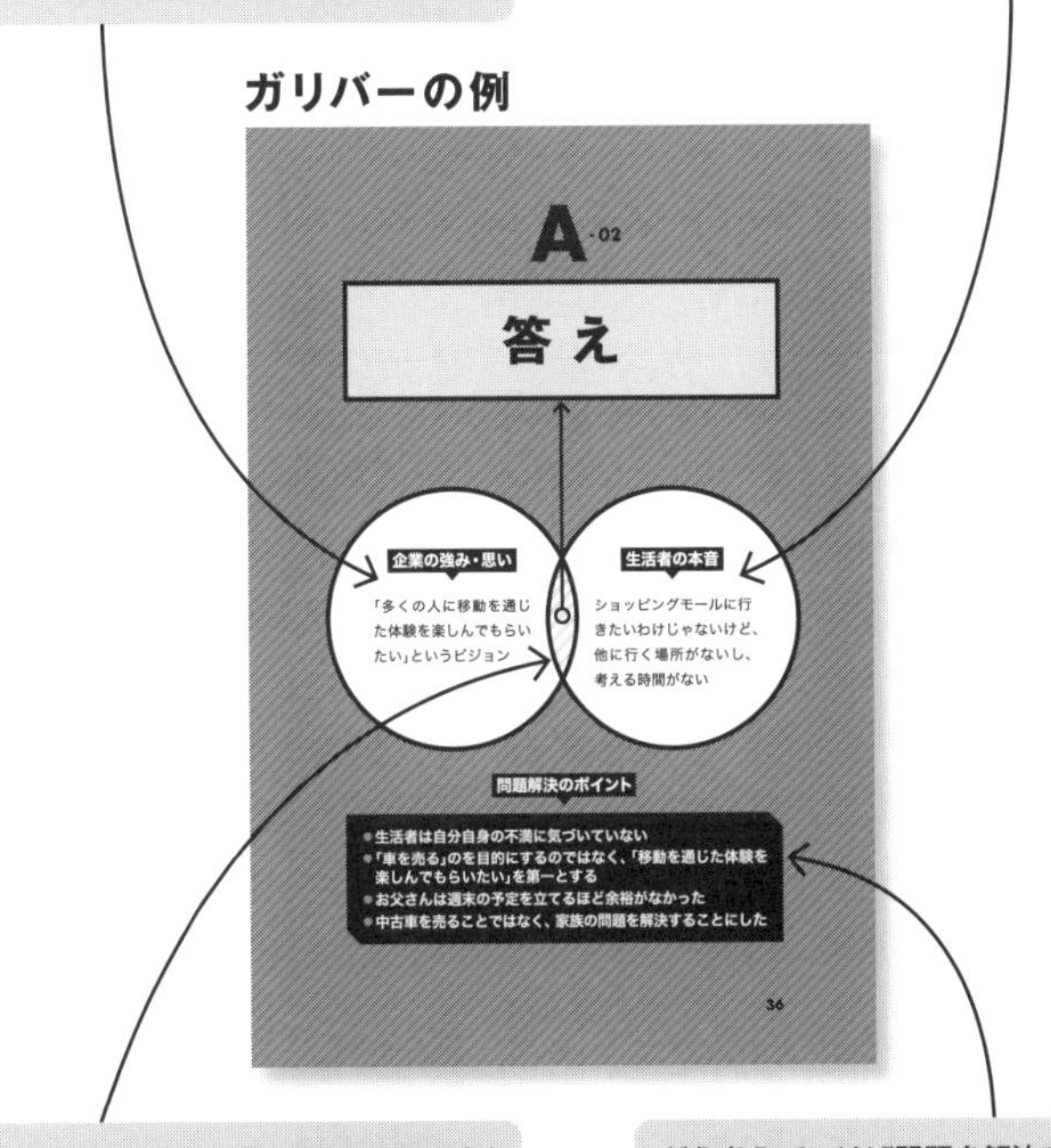

ガリバーの例

A-02

答え

企業の強み・思い

「多くの人に移動を通じた体験を楽しんでもらいたい」というビジョン

生活者の本音

ショッピングモールに行きたいわけじゃないけど、他に行く場所がないし、考える時間がない

問題解決のポイント

- 生活者は自分自身の不満に気づいていない
- 「車を売る」のを目的にするのではなく、「移動を通じた体験を楽しんでもらいたい」を第一とする
- お父さんは週末の予定を立てるほど余裕がなかった
- 中古車を売ることではなく、家族の問題を解決することにした

36

「企業の強み・思い」と「生活者の本音」には、必ず重なる部分があります。それが問題解決の糸口になるのです。

どう考えていけば問題を解決できるか、考えるポイントを紹介していきます。

第1章

「無理難題」を解くための考える力が身につく

ビジネスには、浮き沈みがつきもの。「盛者必衰」という言葉があるように、いくら成功している企業でも変化に対応しなければ存続できません。売上が低迷していたＵＳＪの復活劇やショッピングモールに出店したガリバーの成功例のように、企業に迫られる「無理かもしれない」難題をどのように解決できるのかを考えていきましょう。

USJ復活の秘密

ユニバーサル・スタジオ・ジャパンはどのようにしてV字回復させたのか？

映画のテーマパークとして日本に誕生したユニバーサル・スタジオ・ジャパン（USJ）は、2001年度の年間入場者数1100万人を達成して以来、低迷していました。

ところが、2010年以降、入場者数はV字回復を見せ、2015年には東京ディズニーシーを抜き、1390万人と最高記録を達成しました。

落ち目になったテーマパークの入場者数を増やすのは並大抵のことではありませんが、USJのマーケティング責任者は、いったいどんな戦略をとったのでしょうか。

ヒント USJは「ディズニーと差別化しなければいけないのか？」という疑問を投げかけました

A-01

映画のテーマパークが「映画」にこだわるのをやめた

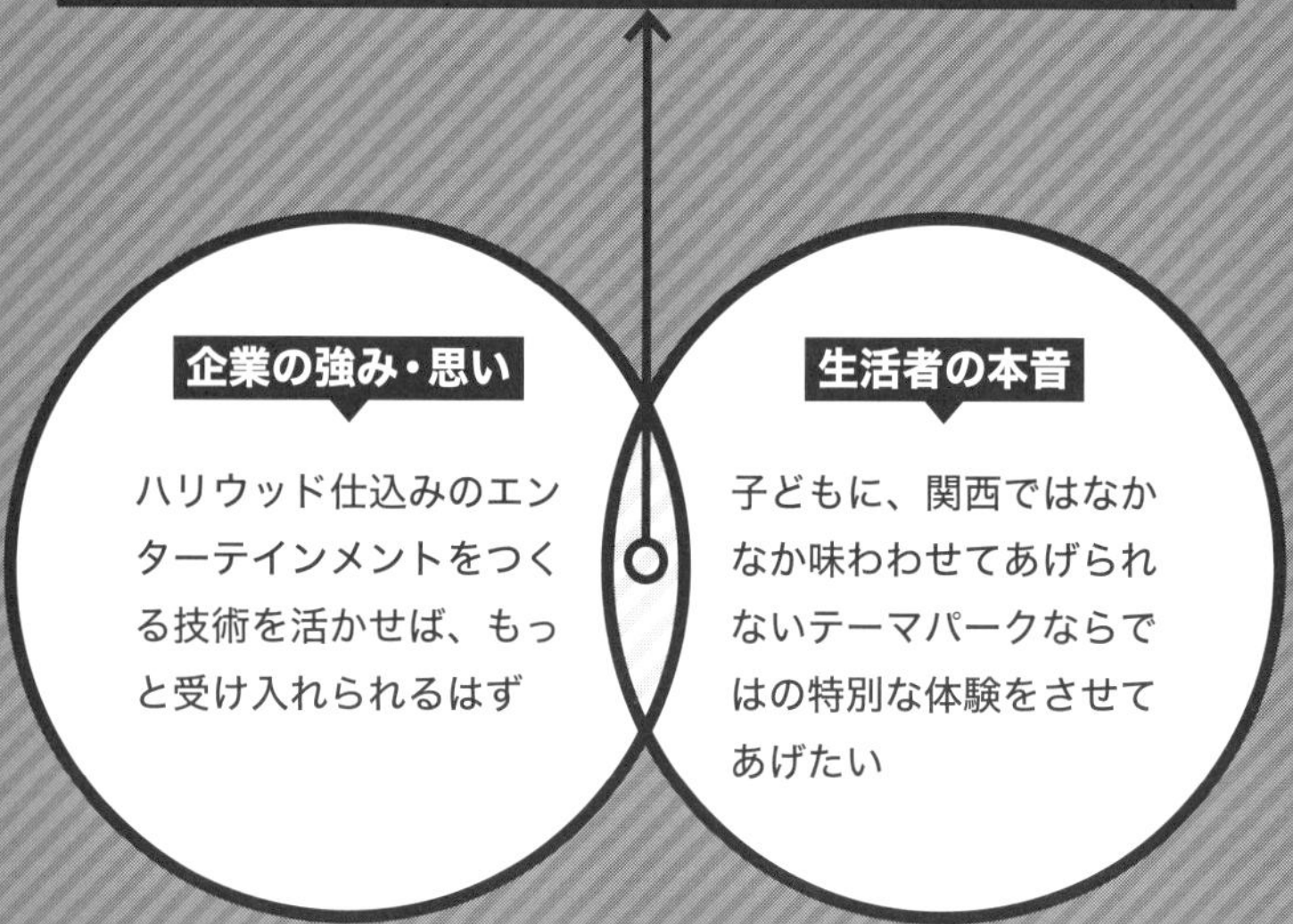

企業の強み・思い

ハリウッド仕込みのエンターテインメントをつくる技術を活かせば、もっと受け入れられるはず

生活者の本音

子どもに、関西ではなかなか味わわせてあげられないテーマパークならではの特別な体験をさせてあげたい

問題解決のポイント

- 東京のディズニーと差別化しても意味がない
- 自社の強みは「映画」ではなく、「世界観をつくる技術」である
- 家族にとってディズニーに行くより、子どもに特別な体験を味わわせたかった
- 無理な差別化から解き放たれて、やれる施策が増えた

重ねる技術 「不必要な差別化」を狙わない

東のディズニー、西のＵＳＪといわれるなかで、ＵＳＪが「映画専門店」というユニークなポジションを捨ててしまっていいのかと思われた方がいるかもしれません。ディズニーとの差別化がなくなって、普通のテーマパークになってしまうという危惧ですね。

ここで考えるべきポイントは、「何のための差別化なのか」ということ。ＵＳＪのマーケティング責任者は、「ＵＳＪはディズニーと差別化しなければいけないのか？」という疑問を投げかけました。

事実、東京と大阪には新幹線代など交通費の溝があり、東京から訪れるお客さんは全体の１割にも満たなかったのです。

自社にとって当たり前になっている「制約」をゼロベースで見直すことは、もちろん簡単なことではありません。そこで重要なのが、「顧客は何を求めているのか」という、お客さんの本音に向き合うことです。

企業の強み・思い

開業初年度に達成した1100万人の入場者数までもう一度復活させたい

２００1年、幸先のいいスタートを飾ったＵＳＪですが、翌年に発覚した火薬の使用量違反や工業用水が混ざってしまった飲料問題などの不祥事が相次ぎ、人気は低迷の一途をたどっていました。さらにこのような物理的な問題よりも難しい問題を抱えていたのです。

それは「間違えたこだわり」です。たとえば、「ピーターパン」のネバーランドに登場する海賊船に莫大な投資をし、劣化をリアルに再現したエイジング塗装をしていましたが、入場者からは「海賊船があまりにボロボロで古くて汚い」と不評だったことも。また映画に特化していたため、テーマパークにもかかわらず、小さな子どもが楽しみきれないという問題を抱えていました。映画のテーマパークとしてのこだわりが、生活者とＵＳＪの溝を深めていたのです。

そこに登場したのが、Ｐ＆Ｇのマーケターとして活躍していた森岡毅氏です。無理に差別化してマーケットを小さくするのではなく、「家族連れが行きたくなるテーマパークにしてしまったらいい」とシンプルに考えたのでした。

そもそものＵＳＪの強みは、関西ではどこを見渡してもないハリウッド仕込みのエンターテインメントをつくる技術です。この他社にはない強みを生かして、映画に縛られずに挑戦していくことに生き残りの道を見出したのです。

生活者の本音 子どもに特別な体験をさせてあげたい

では、関西の生活者は何を求めていたのでしょうか？　シンプルな問いですが、消費者サイドは、別にディズニーとの差別化を求めているわけではありませんでした。ディズニーランドに４人家族で行こうと思うと、新幹線代だけでも10万を超えてしまい結構な負担になってしまいます。

関西にはディズニーランドのような世界観までつくり込まれたテーマパークがありませんでした。もしもＵＳＪが家族連れで楽しめる遊園地だったなら、行きたいと思う家族は多くいたわけです。つまり、関西在住のお父さん、お母さんの本音は、「子どもに特別な体験をさせてあげたい」という欲求だったのです。

重なりの発見 その差別化は何のための差別化なのか？

こうしてＵＳＪは、映画という自分たちを縛っていた制約を取り払い、家族で行けるテーマパークに生まれ変わりました。そうしたことで、「ワンピース」「モンスターハンター」「妖怪ウォッチ」をはじめとする人気コンテンツとのコラボが実現し、自らの可能性を広げたのです。

この取り組みは、関西に住んでいてもディズニーランドのように世界観がつくり込まれたエンターテインメントを体験させたいという家族連れのニーズと重なり、結果は皆さんがご存じの通り、２０１５年度には１３９０万人が訪れる世界第４位の人気テーマパークに生まれ変わりました。

どの会社にも長年当然のように行われている「不必要な差別化」が存在します。その差別化を大切にするあまり市場のニーズに合わせられないということがないよう、「その差別化は何のための差別化なのか？」と常に疑問を持ち続けましょう。

中古車を売る前に、何をする？

中古車販売店「ガリバー」がロードサイドではなくショッピングモールの出店で成功したわけは？

中古車業界は、ロードサイドに中古車を展示して来客を待つスタンスでは、新規顧客の開拓が見込めなくなってきています。

そこで、ガリバーインターナショナル（現ＩＤＯＭ）は新たな接点を求めて、見込み客が多いショッピングモールに新規店舗を出すことにしたのです。

しかし、ショッピングモールは気軽に買い物に行く場所なので、7年に1度しか買い替えないといわれる自動車を展示するだけでは来店してもらえません。

この逆境を乗り越えて、初年度から来場者が訪れる店舗をつくることに成功しました。秘密は週末に訪れる家族連れの満たされないニーズに合わせた店舗開発でした。いったいどんなニーズに合わせたのでしょうか。

ヒント 週末、子どものいるお父さんの悩みって？

A-02

中古車を売るのではなく、「おでかけ情報」を提供した

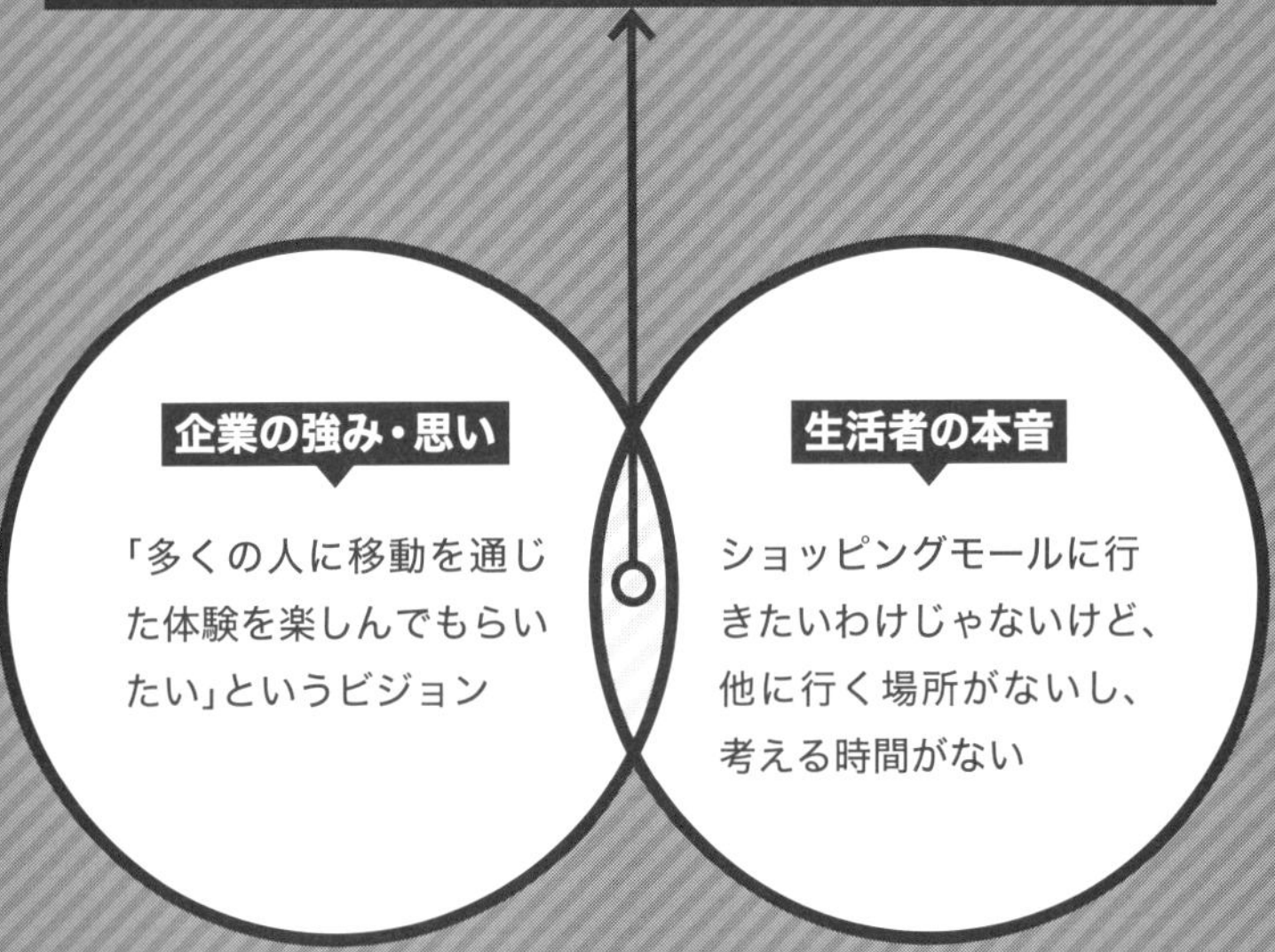

企業の強み・思い

「多くの人に移動を通じた体験を楽しんでもらいたい」というビジョン

生活者の本音

ショッピングモールに行きたいわけじゃないけど、他に行く場所がないし、考える時間がない

問題解決のポイント

- 生活者は自分自身の不満に気づいていない
- 「車を売る」のを目的にするのではなく、「移動を通じた体験を楽しんでもらいたい」を第一とする
- お父さんは週末の予定を立てるほど余裕がなかった
- 中古車を売ることではなく、家族の問題を解決することにした

重ねる技術

当事者も気づいていない問題を観察する

日常の業務を繰り返すだけだと、考え方が凝り固まってしまいます。そうすると、顧客の不満にすら気づけなくなってしまうのです。

たとえば、「freee」というクラウド会計ソフトは、２０１３年のリリースからわずか３年で、60万以上の事業所に導入、クラウド会計ソフト業界のシェアNo.１になっています。freee代表取締役の佐々木大輔氏は、もともとgoogleで働いており、経理とは無縁でした。スタートアップのＣＦＯだったときにとある姿を目撃し、衝撃を受けたといいます。それは隣に座っていた経理担当が一日中入力作業を続けている姿です。経理担当にとって、ひたすら入力するのは当たり前ですが、google出身の佐々木氏から見ると入力を自動化して、もっとファイナンスの分析など知的労働に時間を使ってほしいという思いが湧き起こったのです。

当事者にとっては当たり前になりすぎているけど、大きなゆがみがある部分を発見するためには外側から眺めることが重要となります。

企業の強み・思い

多くの人に移動を通じた体験を楽しんでもらいたい

中古車販売店というと、道路沿いに中古車がたくさん並んでいる店舗を思い浮かべる人が多いと思います。これまではロードサイドに中古車を展示して、来客を待つスタンスが一般的だった中古車業界です。しかし、若者を中心とした自動車離れの影響で、新たな打ち手を必要としていました。そこで、ガリバーは新規顧客とのつながりを求めて、家族連れが多く来店するショッピングモールに店舗を出そうと考えたのです。

ただ、そうは考えても、気軽に買い物を楽しむショッピングモールで、中古車が売れるイメージが湧かない。この難問を解くために、本プロジェクトにプロデューサーとして参画していた私は、ガリバー自身の本音を掘り下げました。そのなかで発見したのは、「車を売りたいのではなく、適正な価格で車を流通させることで、多くの人に移動を通じた体験を楽しんでもらいたい」という思いでした。

生活者の本音

週末のおでかけプランを考える余裕なんてない

休日のお父さんにとって、ショッピングモールは最も手近な「家族サービス」の手段です。本当はいろいろなところに出かけたいし、家族を連れていきたい。でも、平日が忙しいお父さんには、その場所やアクティビティについて、調べる暇もプランを立てる余裕もありません。結果、子どもが楽しめて、奥さんも買い物ができるショッピングモールに行っているという家族が多かったのです。

重なりの発見 中古車を売るのではなく、近場で行けるおでかけ情報を提供した

ガリバーも、「自動車を展示する」という従来通りの店舗づくりでは、毎週末軽い気分でショッピングモールに訪れる家族連れが入りたいと思える店舗をつくれないことはわかっていました。

そこで、ショッピングモールに来る家族連れの本当の気持ちを探ることにしました。「ショッピングモールに来る人のニーズは?」と聞かれたら、「買い物がしたい」と答える人が多いかもしれません。

行ってみるとわかりますが、ランチの後はこれといった予定もなく、ただ歩き回っている家族連れの姿がありました。実際の現場で声を聞いてみると、こんな意見が聞こえてきました。「本当はショッピングモールに来たかったわけじゃないんだけど……」。そこには、「たまには子どもを連れて遠出したい」というお父さんの本音があったのです。

そこで、このお父さんの本音に、ガリバーの「多くの人に移動を通じた体験を楽しんでもらいたい」というビジョンを重ねた店舗をプロデュースすることにしたのです。

するると、単なる自動車展示場ではなく、おでかけ情報を提供する「おでかけが始まる場所」というコンセプトが生まれました。

近場で数時間で行くことができるアクティビティプランを顧客のニーズに合わせて提案するコーナーは大人気。従来のロードサイド店舗を敬遠していたような家族が、ランチの後にお店を訪れるようになり、自動車の買い替え時期の数年前から、見込み客としての関係を構築できるようになりました。中古車の販売も好調。なんと、わずか1年で、全国のガリバー販売店で業績1位となり、同様の形態で4店舗を出店するまでになっています。

「ルンバ」のヒットは必然だった

国内で累計100万台を超えるロボット掃除機「ルンバ」はどのようにして生まれたのか？

吸引力の強いものからハンディタイプまで多種多様な商品が登場する掃除機市場。多くの掃除機メーカーがしのぎを削るマーケットに新規参入するのは容易ではありません。そんななか、ルンバは、掃除機を持っている家庭に、2台目として購入してもらうことに成功し、国内で累計出荷台数100万台を超えました。

ルンバを開発するiRobotは、他のメーカーとは違った目的で掃除機を開発しました。いったい何を目指してルンバを開発したのでしょうか。

ヒント ルンバは何を掃除してくれた？

A-03

掃除機の性能を上げるのではなく、人が掃除をするという行為自体を、掃除してしまおうとした

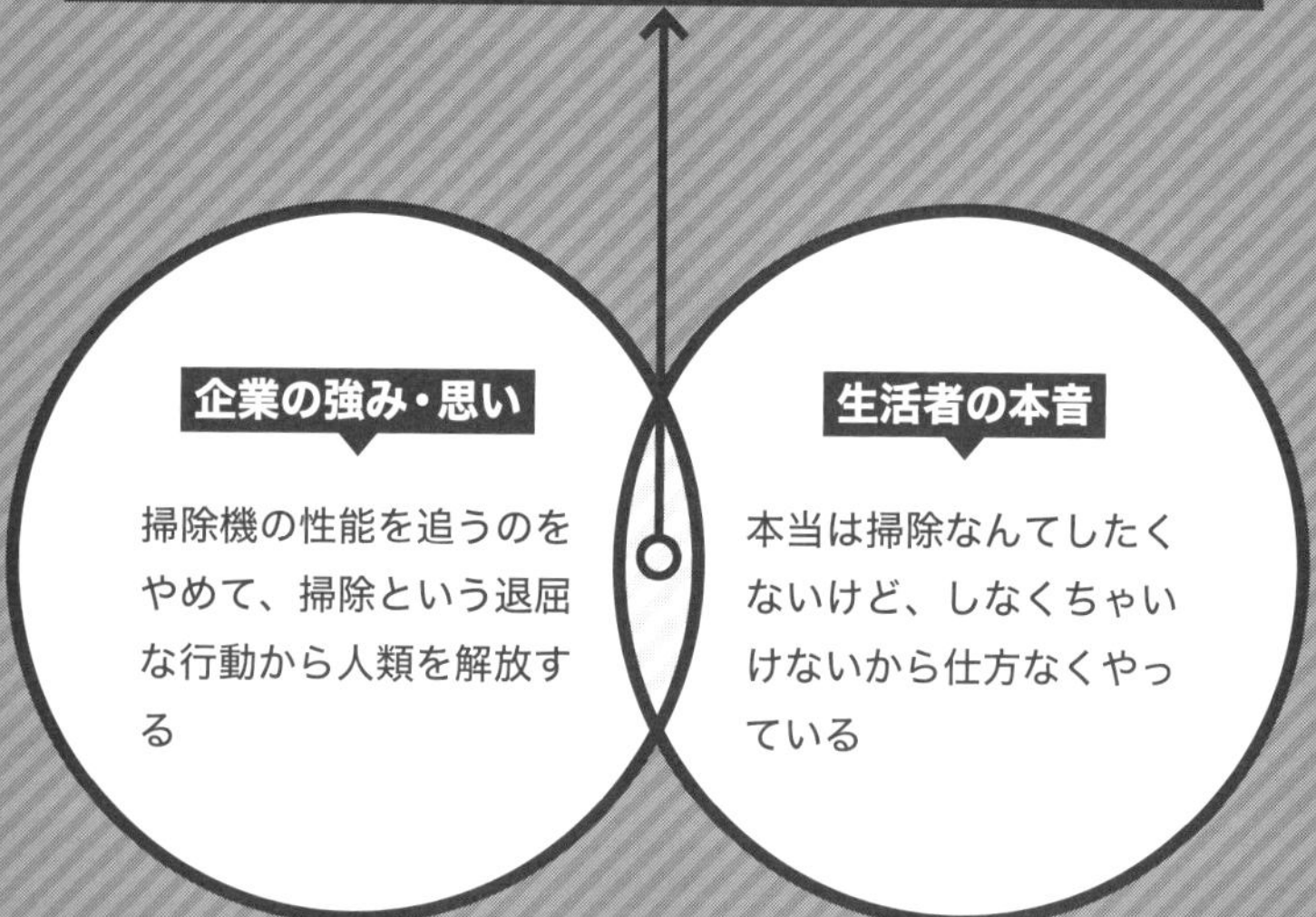

企業の強み・思い

掃除機の性能を追うのをやめて、掃除という退屈な行動から人類を解放する

生活者の本音

本当は掃除なんてしたくないけど、しなくちゃいけないから仕方なくやっている

問題解決のポイント

- 吸引力を上げることが、掃除機の進化なのかを考えてみる
- できるできないではなく、大きく問題を捉えてみる
- 時間のない共働きの夫婦にとって、夜は近所迷惑になるので、週末しか掃除する時間がなかった
- 日中、代わりに掃除をやってくれる人がいたらいいなという願いを実現する

重ねる技術 大きな問題を捉える

掃除機メーカーは、吸引力を上げるために長らく改善を続けてきました。しかし、掃除機の性能を上げ続けることが正しいことなのでしょうか？

現場担当者になると、技術的な制約や発売日など目先のことで頭がいっぱいになり、大きく物事を捉えることが難しくなってしまいます。しかし、だからこそ目的に立ち返ることがイノベーションにおいて大切なのです。

日本人は改善が得意といわれますが、改善の先に「進歩」はあるものの、「進化」はありません。

進歩と進化は別物なのです。

もしも進化を求めるのであれば、答えを考える前に、問いを大きく持つことが大切です。捉える問題の大きさによって答えの大きさは決まります。吸引力を上げていきたいのか、それともより快適な生活をおくってもらいたいのか。あなたはどちらを選びますか？

企業の強み・思い 掃除という退屈な行動から人類を解放しよう

掃除機メーカーのなかで、iRobotだけが捉えた問題の大きさが違いました。掃除機の性能を上げることは手段にすぎず、次元の違う問題に向き合っていたのです。それは、「掃除という退屈な活動から人類を解放する」という大きな問題です。結果、掃除機の性能を追うのをやめたのです。

生活者の本音 掃除は面倒だけど、自分でやるしかない

忙しい共働きの夫婦にとって、毎日キレイに部屋を保つのは容易ではありません。ましてや夜に帰ってきて掃除機をかけたら、近所迷惑になってしまいます。だからといって、「掃除機が勝手に掃除をしてくれたらいいのに」という願いは、ルンバが登場する前は現実的ではありませんでした。その結果、週末にまとめて掃除機をかけたり、平日の夜は軽く床の拭き掃除をしたりするくらいしかできることはありませんでした。

重なりの発見 勝手に掃除をしてくれるお掃除ロボット

「吸引力が強いかどうかより、そもそも掃除をしたくない」というのが生活者の本音ですよね。この本音に対してiRobotは、「掃除機の性能を上げる」のではなく「掃除をしなくてもよい」状態を提供したことで、まったく新しい需要をつくり出すことに成功したのです。

本当のライバルは誰か?

優勝争いに食い込めなかった楽天イーグルスが初年度から黒字を達成した戦略とは?

放映料と広告料はスポーツビジネスの重要な収益源ですが、テレビ放映が減ってきているなか、赤字のプロ野球球団が増えています。

収益源として、地元に愛されて観客動員数を増やすことがどのスポーツにも求められています。ただ、地元に愛されて観客動員数を増やすためには、草の根の活動が重要ですし、時間がかかってしまいます。

それにもかかわらず、2005年に東北楽天ゴールデンイーグルスがある快挙をなしとげました。初年度から観客動員数を増やして黒字化に成功したのです。いったいどんな戦略をとったのでしょうか。

ヒント 平日の夜にサラリーマンは何をしている?

対面式のボックスシートを導入して、「野球の試合“も”やっている居酒屋」に球場を変えた

企業の強み・思い

売上を安定させるためにも平日の夜の観客動員数を増やしたい

生活者の本音

同僚と飲んでしゃべってワイワイできる場所が欲しい

問題解決のポイント

- 顧客の立場から見たとき、顧客の選択肢に入るものすべてが競合になる
- 平日の夜、見込み客は何をしているのかを知る
- まずは、来場者を増やす方法を考えてみる
- 顧客の立場で考えると、野球を見ることを一番の目的にしなくてもよい

重ねる技術 競合を捉え直す

わずか数年で、任天堂の競合がプレイステーションを擁するソニーやカプコンだけではなく、ソーシャルゲームに変わりました。さらにはゲーム業界という枠を超えて、可処分所得という観点では、もはや時間を奪い合うすべてのモノやサービスを競合と捉える必要があります。

かつて電車のなかでNintendo DSをやっていた人は、今はLINEで友達とのチャットを楽しんで、メルカリで買い物をしているかもしれません。ちょっとした隙間時間であれば、昔は文庫本を取り出していたかもしれませんが、ユーザーはスマートフォン（スマホ）を取り出したり、Kindleで小説を読んだりしています。

業界という枠組みで競合を捉えるのではなく、顧客の立場から見たときに選択肢に入りうるものはすべて競合になるわけです。

因果関係は定かではありませんが、ガムと飴の消費量の低下とスマホの普及率は反比例しているというデータがあります。「もしかすると、通勤時間の手持ち無沙汰をスマホが解決してしまったかもしれない」などという仮説を立てていくと、あなたの競合を捉え直すことができるはずです。

企業の強み・思い **平日の夜にガラガラになってしまうリスクを何とかして避けたい**

楽天にとってECサイトの知名度を上げるのに、球団運営に乗り出すことは絶好の機会でした。しかし、球団の運営は初めてですし、海のものとも山のものともつかないチームが、いい選手を集めることは簡単ではありませんでした。

このままいくと赤字間違いなしという状態でしたが、楽天の強みは、野球のプロはいないけれど、経営のプロがいること。この強みを生かして売上を伸ばすことに挑戦したのです。特に、平日の夜にガラガラになってしまうリスクは何としても避けたい切実な問題でした。

仕事帰りに、わざわざ球場で観戦するのはハードルが高いですよね。ましてや楽天イーグルスの本拠地・仙台は、プロ野球未開の地です。もしかすると、新しいもの見たさで観戦することはあるかもしれませんが、一過性にすぎません。継続的に来てもらうためには、平日の夜の習慣を変えてもらう必要がありました。

生活者の本音 **仕事が終わったら同僚と一杯ひっかけながら、ワイワイしたい**

平日の夜に同僚や友人と集まれば、飲みながら近況報告をしたり、仕事の愚痴を言い合ったり、他愛もない話をするのが常です。もちろんお酒も大切ですが、それ以上に集える場所があることが重要です。ですので、仙台の飲み屋はいつもサラリーマンで繁盛していました。

重なりの発見　野球の試合〝も〟やっている居酒屋に変身

通常、球団の経営をするのであれば、「何勝挙げて何位になろう」と考え、他球団を競合とみなすでしょう。チームとして強くなれば観客動員数も増えて、やがて収益も増えるでしょう。しかし、そんな悠長なことをやっていては黒字化まで長い時間がかかってしまいます。

やはり、まず観客動員数を増やすことが球団運営にとって最重要課題でした。そこで、彼らはあることを捉え直したのです。それが「競合」です。

楽天イーグルスは、他球団ではなく、平日の夜の時間を奪っている居酒屋をライバルとしたのです。

楽天イーグルス担当者は、仙台の夜の街に出ていき、仕事帰りの人たちはどんな夜を過ごしているのかを徹底的にリサーチしました。わかったことは、他の地方よりも繁華街が盛り上がっていて、居酒屋も繁盛していることでした。仙台のサラリーマンたちは居酒屋で同僚とワイワイしゃべって飲んで楽しんでいたのです。

この居酒屋で楽しんでいるサラリーマンに、球場に行くことの価値を感じてもらう必要がありました。サラリーマンたちにあったのは、「ワイワイ飲みながら語り合いたい、笑い合いたい」というニーズでした。ただ、野球観戦に行ってしまうと座席も横一列ですし、しゃべりづらい。

そこで、大相撲のマス席のような「居酒屋シート」をつくり、観戦席を「野球の試合〝も〟やっている居酒屋」へと変えてしまったのです。

「野球を観戦するための球場づくり」という観点からすると、バッターボックスに背を向ける人が出るこのような施策は、ふざけるなと言われるかもしれません。しかし、競合を考えるときわめてリーズナブルな打ち手だったのです。

「（野球より）コミュニケーションの場所が欲しい」という本音と、競合を「居酒屋」と捉え直して重なりをつくった結果、居酒屋に行く予定だったサラリーマンという新しいターゲットの獲得に成功し、初年度から黒字化という偉業を達成したのです。

学校の常識を変えたビジネス

「スタディサプリ」はどのようにして、受験生の2人に1人が使うサービスに成長したのか？

ベネッセコーポレーションは進研ゼミの会員数が伸び悩み、代々木ゼミナールは経営不振から事業を縮小するなど、学習業界が激変し始めています。

そんななか、圧倒的なスピードでシェアを伸ばしているのが、スマートフォンやパソコン向けに講義の動画配信を行っているリクルートマーケティングパートナーズの「スタディサプリ（旧受験サプリ）」。今や大学受験生の2人に1人が使っているといわれています。これまでもあらゆる種類の参考書や問題集が開発されてきましたが、ここまで爆発的にヒットした例は他にはなかなかありません。

いったいどのようなポイントが、受験生に「そうそうこんなサービスが欲しかった」と受け入れられたのでしょうか。

ヒント わからないまま授業が進んでいくのは辛かったですね……

A-05

先生ではなく、生徒が学習の主導権を握るスタイルに変えた

企業の強み・思い

塾に通える都心の子どもたちだけが高い水準の教育を受けられるのではなく、地方に住んでいても平等に学ぶ機会を提供したい

生活者の本音

わからないまま他の生徒やカリキュラムに合わせていくのは辛いし、自分のペースで学びたい

問題解決のポイント

- これまでの当たり前だった習慣を真逆から捉え直してみる
- 都心にあって地方にないものを平等に利用できるようにする
- 受け身かつ１回しか聞けない授業では、効率は悪い
- 生徒が先生に合わせるのではなく、生徒が授業を選択できるようにする

重ねる技術 真逆から考える

「先生が教えるべきことを教え、生徒がそれを学ぶ」――これは、古代から続く教育サービスの基本形です。先生が学習の順序や速さを決めることで、最も効率よく知識を習得できると信じられてきました。

しかし、はたして本当にそうでしょうか？ わからないまま、他の生徒と先生の速度に合わせて授業が進む方法が最適なのか？ もちろんそんなはずはありません。つまずいたときに、自分が理解できない箇所を、じっくりわかりやすく教えてもらったり、立ち止まって考える時間をとったりしたほうが効果的です。

こうした古くから伝わる、正しいと思われている常識があなたの会社にもあるはずです。誰も疑わないくらい当たり前の大前提は、真逆から捉え直すと、地道に改善するよりも劇的な変化を生むことが多々あります。

こうしたドラスティックな変化の大半は、新規参入者が破壊的な方法で仕掛けてきます。しかし、既存プレイヤーは今まで築き上げたビジネスと仕組みを守ろうとし、破壊されてしまうことが多いのです。そうならないうちに、先に社内で痛みに耐えて変えるためにも、今行っていることの「対極」から捉え直すことが大切です。

数年前までは当たり前だった習慣が劇的に変わるなんてことはこれからも増えてくるでしょう。たとえば、わざわざレンタルビデオ店に行かずに、HuluやNetflixやケーブルテレビで映画を楽しむ人も増えたのではないでしょうか。返しに行かなくていいし、延滞金を払う必要もありません。

企業の論理に生活者をはめ込んで合わせることはできないのです。なぜなら生活者は、より便利なほうを選ぶ権利があります。面倒を強いられ古いモデルに付き合う筋合いはないのです。

企業の強み・思い

地方に住む生徒にも平等に学ぶ機会を提供したい

スタディサプリの生みの親であるリクルートマーケティングパートナーズ代表取締役社長山口文洋氏には、地方の生徒や、経済的な理由で予備校に通えない生徒の現場の叫びが届いていました。

「田舎に住む高校生に会った時の、分かりやすい言葉で言うと〝東京の子ってずるいよね〟って。〝だって、すごい予備校とか塾とか、あと、学校なんかもすごいんでしょ。それだけで差があるじゃん〟と。〝私、頑張って取り戻せるんでしたっけ〟みたいな声とか、お子さんがご家庭の経済事情も知ってるので〝僕は本当は塾、予備校行きたい〟と。〝でも、分かってるから（親に対して）そんなこと言えないよ〟というお子さんもいたりとか」

こうした生の声が、教育の素人だった山口社長に確信を持たせたのでした。

生活者の本音 自分のペースで勉強したい！

受験勉強を思い返してみると、部活を切り上げて眠いまま塾に通っていた方も多いのではないでしょうか。学生時代を思い出すと、授業は一回しか聞けないし、高い授業料なので無理をしてついていこうともしましたが、集中できずあまり効果が得られなかった経験があります。

一方、スタディサプリは時間も場所もすべて受験生が選べます。ある受験生は、「何度でも見ることができることと、隙間時間に勉強できることがよいと思っています。予備校にも通っていますが、やる気のないときに授業を受けても内容は頭に入りません。やる気があるときに効果的に勉強することができるのは、ありがたいです」と語っています。

重なりの発見

月額９８０円で、ネット上で人気講師の授業が受け放題

「内容がわからないまま、他の生徒やカリキュラムに合わせていくのは辛い」という受験生の本音に、「全国どこに住んでいても平等に学ぶことができる機会を提供したい」という思いが重なり、インターネットで好きなときに授業を受けられるスタディサプリは生まれました。

「スタディサプリ」では、生徒が自分の見たい講義動画を選択し、「一時停止」や「巻き戻し」で自由に操作しながら視聴できます。これまでのような「生徒が先生に合わせる」カリキュラム主導型ではなく、生徒が自分のリズムで学習の主導権を握るスタイルに変えたのです。

今や、56万人の受験生のうち、半分がスタディサプリユーザーであり、13万人が月額９８０円の有料会員になっています。

無謀に思える合理的な戦略

10分1000円で展開するQBハウスに、なぜライバルが存在しないのか?

実はコンビニよりも圧倒的に数が多く、全国に23万店舗もある美容院。そんなレッドオーシャンの市場で、無駄をいっさい省き、10分1000円の床屋として評価されているQBハウス。急成長しているにもかかわらず、なぜ既存の美容院や理髪店は、同様のサービスを展開しないのでしょうか?

ヒント 競合にとって、簡単そうに見えてむずかしいことって?

競合が高収益モデルを破壊できないなか、カット以外のサービスをすべてカットした

企業の強み・思い

床屋の都合にお客様を合わせるのではなく、短時間低価格を実現したい

生活者の本音

ヒゲ剃りもいらないし、肩も揉んでもらわなくていいから、早くしてほしい

問題解決のポイント

- 既存企業は現在の利益を捨ててまで、争えない
- どこに行っても、カット、ヒゲ剃り、洗髪。１時間以上の待ち時間は、不満の温床になっていた
- 顧客の圧倒的な支持を集めないと成立しないビジネスモデルは真似しづらい
- 競合がバカにしている間に、顧客基盤を広げ優位性を構築する

既存の理髪店は、QBハウスのような雑なサービスでは絶対に流行らないと否定的な見方をしました。彼らは丁寧な仕事に自信を持ち、お客様はゆっくり話しながら、マッサージを受けることも求めているはずだと信じていたからです。

また、QBハウスのビジネスモデルを真似するには、高単価で客数が少なくても成り立つモデルから、低単価で回転率を上げるという真逆のモデルに変えなくてはいけなくなります。

そうなれば、馴染みの客を相手にしていた地元密着型のお店が、マーケティングをしなくてはいけなくなります。もちろん、顧客獲得単価を決めてプロモーションすることや、リピート率を上げるための戦略を練ることは容易ではなく、QBハウスをバカにしつつも、真似ができない状態だったのです。

一方、新規参入の壁はどうでしょうか。まずプロの理容師を全国に配置するのは容易ではありません。それに加えて、10分1000円でサービスを提供するには、業務効率を上げなくてはいけないですし、細かいノウハウが必要となってきます。ただ安くして赤字になるだけなので、簡単にできないことがわかりますよね。

ＱＢハウスはバカにされているあいだに、ノウハウをため、店舗展開を進め、顧客と関係を構築する時間を稼ぐことに成功しました。

競合にとって、初めから「いい戦略」だとわかれば、すぐに真似をする参入者が増え、市場は赤く染まるでしょう。

神戸大学名誉教授の吉原英樹氏は、このようなことに対し、「バカな」と思われる非合理性と勝つための「なるほど」（合理性）が戦略にとって重要であると、実にうまく表現しています。

企業の強み・思い　なぜ、髪を切りにいくだけなのに、1時間もかかるのか？

ＱＢハウスを展開するキュービーネット創業者の小西國義元会長は、全国を飛び回ることが多かったため、あることに気づきました。

それは、どの地域の床屋に行ってもカット、ヒゲ剃り、洗髪という同じやり方。さらに、待ち時間を含め、なぜ1時間以上も拘束されなければならないのかということに疑問を覚えると同時に、それをチャンスと感じたのです。

生活者の本音 とりあえず、襟足だけそろえてくれ

正直、シャンプーを2回される必要はないですし、肩を揉んでもらう必要もない。ヒゲも自分で剃れます。せっかちな人や営業、金融業のように身だしなみを整える必要がある人にとっては、長く時間がかかることが不満でした。「ヒゲ剃りや肩揉みはいらないから早くしてほしい」「高いヘアサロンに行くより襟足だけ整えたい」など、気軽にヘアカットをしたいというニーズがありました。

重なりの発見 1000円でカットする"10分の身だしなみ"

そこで、QBハウスは、一般のサロンで行うシャンプー、ヒゲ剃りなど自分でできるサービスはいっさいしないことにしたのです。つまりカット以外はしないと決めたのです。

実は、一般のサロンでも、カットサービスに要する時間は10～15分程度なので、質も大きく変わりません。

その結果、無駄な待ち時間も、無駄なサービスも必要ないと思っていた利用客との重なりを発見できたのです。

今（2016年6月期）では店舗数は国内515店舗、海外108店舗。国内、国外を

合わせて、年間来店者数は1800万人を突破しています。

QBハウスのケースからもわかるように、無謀とも思える戦略は賢者には真似しづらいのです。

だからこそ賢者の隙をつくことができます。最近では、楽天のつくり上げてきたECサイトのビジネスモデルは「バカな」戦略に苦戦を強いられています。楽天は中小企業から出店料と売上手数料で収益を上げてきましたが、「base」「stores.jp」といったスタートアップが出店料を完全無料にして誰でもECサイトを始められるようにしたのです。

この流れを受け、Yahoo!ショッピングも出店料を完全無料にし、代わりに広告収入で稼ぐモデルに転換しました。Yahoo!ショッピングの出店店舗数は14年9月の19万店舗からわずか1年で34万店舗まで伸びましたが、一方、楽天の出店店舗数は4万店舗前後で成長が鈍化しつつあります。

自明ですが、出店者数が増えれば増えるほど利用者の利便性は高まります。Yahoo!は収益源であった出店料を無料にするという「バカな」の先に、お得意の広告収入につなげるという「なるほど」まで設計することで、賢者の隙をつく戦略を描いています。

第2章

制約のなかで、「解決策」を考える力が身につく

「お金がない」「人材が不足している」などさまざまな制約があるなかで、企業は生き残りをかけてしのぎを削っています。18歳人口が減少していくなか、受験者数を増やしている近畿大学の試みや、予算の関係上、人気のある動物がいない地方の旭山動物園に入場者が殺到したケースのように、「ない」「いない」を理由にやらないのではなく、やれることを最大限にやれば、問題を解決できることを考えていきましょう。

通うことを誇れる大学へ

「近畿大学」がなぜ偏差値以外の理由で全国でいちばん受験者数が多い大学になれたのか？

関西の中堅大学だった近畿大学がわずか数年で、全国でいちばん受験者数が多い大学になりました。

近畿大学は他の私大にはできないあることを実施し、多くの受験生の気持ちをつかみました。それはいったい何でしょうか？

ヒント 大学には偏差値以外の評する軸があってもいい

A-07

「近大マグロ」を打ち出すことで、社会に通用する人材になりたい受験生の共感を生んだ

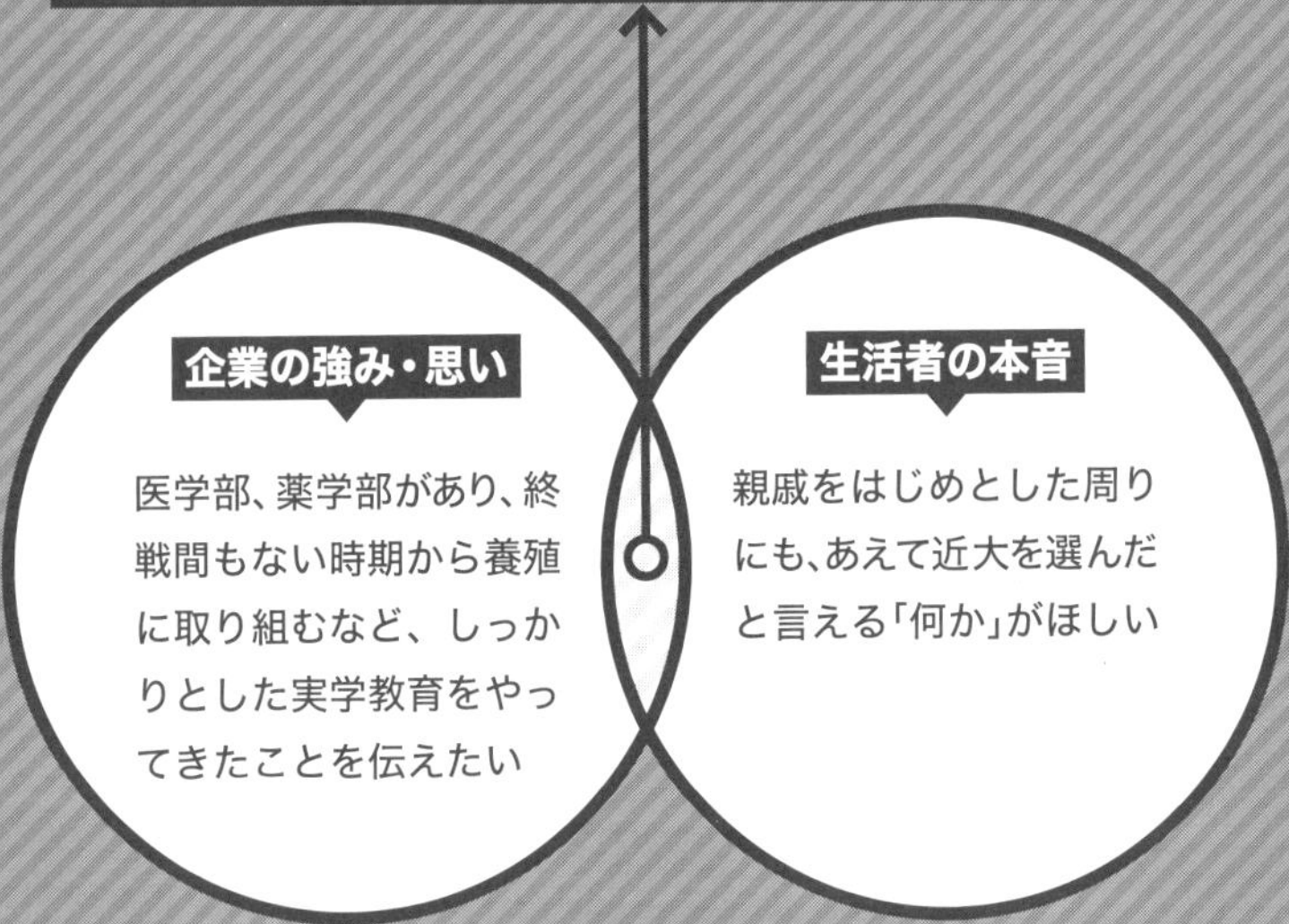

企業の強み・思い

医学部、薬学部があり、終戦間もない時期から養殖に取り組むなど、しっかりとした実学教育をやってきたことを伝えたい

生活者の本音

親戚をはじめとした周りにも、あえて近大を選んだと言える「何か」がほしい

問題解決のポイント

- 「主張」ではなく信じられる「根拠」に、生活者は反応する
- 偏差値、就職率以外の価値をつくる必要があった
- 第二志望以下の合格だと、未練があったり、愛着が持てない
- 都合の良い主張だけでは信じてもらえない。信じられる理由をセットで

重ねる技術　信じられる理由をつくる

多くの企業も商品も、あることないことを主張します。しかし、一方的に主張したところで、消費者はすぐにそのウソに気づくわけです。そもそも信じることができないわけです。

そこで重要になるのが、「主張」だけではなく信じられる「理由」です。

マーケティングでは、それをReason to believe（信じられる理由）といいます。この信じられる理由を、利用者側が信じたいストーリーとともに伝えることが大切になります。

重なりをつくるうえで、信じられる理由はいわば接着剤のような役割を果たします。仮に主張でうまく重なりをつくれても、根拠が弱ければすぐに剥がれてしまいますが、強いReason to believeを構築できれば競争優位になります。

たとえば、新製品のガムが歯にいいと言われたら信じるでしょうか。そもそもガムは歯にくっつくし、長い時間、口に糖分を含むことになるので歯に悪いと信じられてきました。

この世間の常識を打ち破ったのが、ロッテの「キシリトールガム」です。歯の再石灰化を促すキシリトールを配合したガムによって、食後にガムを食べる習慣をつくることに成功しました。「このガムは歯にいいです」とメーカーが主張しても誰も信じなかったはずですが、キシリトールというReason to believeによって虫歯を予防したいと思うユーザーとガムの需要を増やしたいロッテをガムのように、よく密着させました。さすがガムを製造する会社です。

企業の強み・思い

全入時代に中堅大学という立ち位置に甘んじず、独自のポジションをとる必要があった

文部科学省によると、1990年には約205万人だった18歳人口が、2014年には約118万人にまで減少してしまっています。さらに、人口が減少しているにもかかわらず、私立大学の数は逆に増えていることから、全入時代に突入するといわれています。

近畿大学は関西の中堅大学です。「関関同立」といわれる関西学院大学、関西大学、同志社大学、立命館大学という関西私立のトップ校があるなかで、長らく近畿大学はその下というポジションだったのです。

もちろんここで偏差値という軸で勝負をしても分が悪く、このポジションからどう抜け出すかが課題でした。

そこで「実学教育」というポジションで訴求していましたが、受験生はどうしても偏差値、

就職率、ブランドで判断しがちなため、実学というメッセージは、受験生との接点をつくるうえでそこまで強固ではありませんでした。

生活者の本音

自分で選んだ大学に通っているという誇りを持ちたい

近畿大学が2013年に行ったアンケートでは、新入生の3割が第一志望に受からずに、第二志望の同校に入学していることがわかりました。

第一志望に合格していれば自分も誇りを持てますし、周りからも一目置かれます。しかし、第一志望に落ちて入学すると、「晴れて大学生！」という気分にはならず、合格しなかった大学への未練がたらたらで、入学した大学への愛着が持てないという問題がありました。

重なりの発見

実学教育としての「近大マグロ」

世界で初めてクロマグロの完全養殖を成功させて生まれたのが、「近大マグロ」です。多くの研究所があきらめるなか、30年以上辛抱強く研究を重ね、実現しました。今までも「実学教育」を打ち出してきましたが、いまひとつ他の大学との違いがわかりにくく、受験者や近大生にとって実学教育は信じきれるストーリーになっていませんでした。

しかし、この近大マグロが生まれたことで、実学教育に信じられる根拠が生まれたのです。その結果、「偏差値ではない軸で勝負したい」近大と、「納得感を持って大学を選んだという誇りを持ちたい」受験生の重なりが生まれたのです。

ただ、「たまたま近大マグロが成功したから」だと分析してしまうと、この事例を見誤ってしまいます。

近大は医学部や薬学部もある、関西では珍しい総合私大として基盤を固め、終戦間もない時期に水産研究所を立ち上げました。食糧難対策として養殖に取り組んできた実績があったからこそ、実学教育という言葉に重みがあり、近大マグロが生まれたのです。

２００３年には株式会社アーマリン近大というベンチャーを立ち上げ、近大マグロの出荷を始めました。また、２０１３年には養殖魚専門料理店「近畿大学水産研究所」を東京・銀座、大阪にオープンし、学生も運営に携わっているのです。

まさに実学教育ですね。今では東京のトップ私大を抑え、志願者数は全国でいちばん多い10万５８９０人にまで伸びています。

既存ビジネスの強みを活かす

「タイムズ」を展開するパーク24のカーシェアビジネスが黒字化できた秘策とは？

「参入は簡単だが、事業化は困難」といわれているカーシェアリング業界。そこにパーク24は、後発ながら参入し、大手オリックスなど数あるカーシェア事業者を寄せつけず、黒字事業へと成長させています。

いったいなぜ、パーク24のカーシェアビジネスが、今までカーシェアを使っていなかった人たちにまで受け入れられたのでしょうか？

ヒント カーシェアを使うときに、面倒に感じていたこととは？

思い立ったらすぐに借りられるように、ある地域に集中させてカーシェアスタンドを設置した

企業の強み・思い

全国1万4000か所の駐車場を押さえている強み

生活者の本音

「借りに行くのが面倒」だけど、近くにあったら気軽に使いたい

問題解決のポイント

- 全国1万4000か所に駐車場がある「面の強み」を活かした
- ユーザーにとっては全国展開より、近くで借りられるほうが大切
- カーシェアが受け入れられていないのではなく、すぐ近くで借りられなかったことが普及を阻んでいた
- 車の需要はいまだ健在。利用しやすくするだけ

違いをもたらすのは、小さい違いにすぎません。ただ、その違いが大きいのです。日本では2002年からカーシェアビジネスが始まっていましたが、ニュースでたまに見る程度。「周りで使ってるよ」という人はほとんどいませんでした。

なぜか？　それは「シェアする文化が日本に馴染まなかった」などという小難しい話ではなく、「借りたいときに近くで借りられなかった」からです。

重ねる技術　虫の目で事業を詰める

カーシェア業者は日本全国に普及させるために、あちこちにカーシェアスタンドを作りました。しかし、それが裏目に出て、借りづらさにつながったのです。

事業計画的には「全国展開します！」のほうが美しいのですが、使う側からしたらどうでしょうか。当然全国にあるより、自宅近くにあってほしいわけです。

鳥の目で事業計画を作ってしまうと、「全国にカーシェアを展開すること」を目的にしてしまいがちですが、虫の目でユーザーの視点から考えると、「全国にあるけど借りづらいより、自分が借りやすいこと」のほうが重要です。

大局的な視点は持ちつつも、使い手の視点で事業を詰めていくことが成功のカギとなります。

企業の強み・思い

駐車場ビジネスの成功からさらに発展したビジネスへ

パーク24は地主と契約を結び、時間貸し駐車場「タイムズ」を展開してきました。このビジネスモデルが優れているのは、不動産を持たずに全国展開できたことです。地主側も土地を寝かすことなく、短期間でも導入できて都合がよかったのです。駐車場を整備し、黄色い看板を設置するだけで、毎月一定の収入が見込めるモデルは受け入れられ、全国1万4000か所まで普及しています。

しかし、車の購入台数が伸び悩む今、さらに成長させるためには駐車場の数を増やすだけでなく、一駐車場の売上を増やす必要がありました。そこで目をつけたのがカーシェアビジネスだったのです。

生活者の本音

家の近くにあったら、使いたいのに……

「車があったら便利だけど、買うほどではないな」という方も多いのではないでしょうか。いざ買ってしまうと税金や保険料、ガソリン代や車検代と、維持費だけでもけっこうかかるのでハードルが高いですよね。

また都心の場合、公共の交通機関も便利です。そうはいっても、「ちょっとした子どもの送り迎え」「イケアへ家具の買い物」など車があったほうが便利なシーンは多々あります。ただ、カーシェアを利用しようとしても、徒歩15分以上かかることも。15分だけ借りたいのに、15分歩くなんて馬鹿馬鹿しいと、敬遠されていたのです。

ましてやレンタカーの場合は、半日単位で借りる必要があったり、最寄りのレンタカーショップまで電車に乗って借りに行かなければならなかったりと、身近なサービスではありませんでした。

生活者が借りに行くのが面倒という気持ちが勝ってしまい、「こんなとき、車があったら便利だなあ」という満たされない欲求は放置されたままでした。

重なりの発見 徒歩数分で借りられるカーシェア

パーク24取締役の川上紀文氏はこう語っています。

「私たちが持つデータを分析するかぎり、『クルマに乗る人が減っているわけではない』ということは明らか。もしかしたらクルマ離れと呼ばれる傾向は『クルマとのタッチポイントが減少している』『ニーズに見合ったソリューションを産業として提供できていない』ということが原因かもしれません。タイムズプラス（現タイムズカープラス）など、気軽に運転できる機会が増えていけば、クルマの魅力に気づいた人が購入に回るということもあるでしょう」

車の需要がなくなったのではなく、「自家用車を所有するという行為」がミスマッチを起こしているだけだと気づいたのです。

そこで、生活者の「車には乗りたいけど、わざわざ10分も歩いて借りに行きたくない」という思いと、「1万4000か所の既存駐車場を活用できる強み」を重ねた結果、カーシェアをより身近なものとして根付かせることができたのです。

虫の目で事業を見ていけば、行き詰まってしまった事業もまだまだ展開できるのです。

日本交通はどのようにして選ばれるタクシー会社となったのか？

供給過多のタクシー業界。さらには、「Uber」など配車プラットフォームサービスによるタクシー会社の中抜きが世界中で起こり始めています。この激変するタクシー業界を生き抜くために、日本交通はタクシーのあり方をゼロから見直しました。今までのタクシーと私たちの関係を変える、とある取り組みを開始したのです。いったいどのような方向転換をしたのでしょうか？

ヒント 道路沿いで手を挙げてもらうのをやめてもらった

A-09

陣痛タクシーをはじめとする配車サービスを始めた

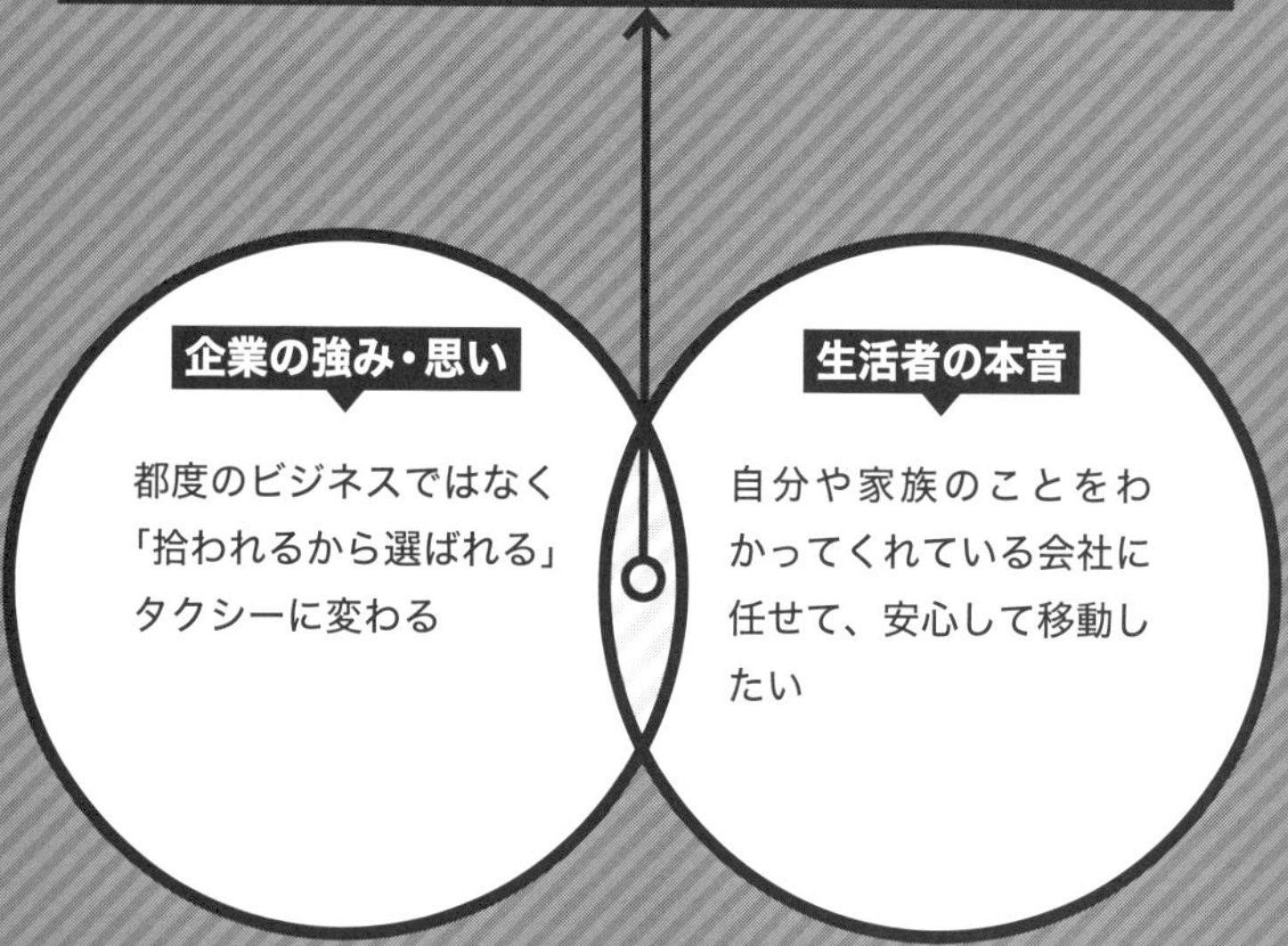

企業の強み・思い

都度のビジネスではなく「拾われるから選ばれる」タクシーに変わる

生活者の本音

自分や家族のことをわかってくれている会社に任せて、安心して移動したい

問題解決のポイント

- 競合に倒される前に、自分たちで自社を倒す方法を考える
- 拾われるのを待つだけのビジネスでは差別化ができない
- 必要なときにすぐ来てほしいというニーズがある
- 選ばれる関係をつくることで、継続的な収益が見込める

重ねる技術 自分を倒すために何ができるか?

自社を倒すために何ができるかを、自分たちで考える必要があります。「競合を倒すために何ができるか?」ではないのかって?　いいえ、違います。

私の勤めていた消費財メーカーでは、競合の立場から見て、自社を破壊するためには何ができるかを議論し、戦略を立てるワークショップを行っていました。問題が起きる前に自社のほころびを発見するためには、このような考え方がたいへん有効です。

日本交通は自らを倒してより強いタクシー会社になるために、何度も自己否定を繰り返しています。

流しで拾われるのを待つという不確定なモデルに依存せず、「配車アプリ」を通じて選ばれるタクシー会社に生まれ変わろうと改革を行っています。さらに初乗り運賃を東京23区と武蔵野市・三鷹市では2キロ730円から1キロ強410円へ下げる申請をしています。初乗り運賃の割高感が原因で、バスや鉄道へお客様が流れていることに気づき、料金という一番変えたくない聖域でも自己否定を繰り返しているのです。

企業の強み・思い

拾われるのを待つのではなく、選んでもらうタクシーになる

日本交通は1928年に始まった老舗のタクシー会社です。3代目・川鍋一朗氏が入社した2000年には、1900億円もの借金が存在し、倒産の危機がある会社となっていました。さらに、タクシー業界は競合が多く、生活者からしても「タクシーなんてどこも一緒でしょ」くらいの感覚でしか選ばれていませんでした。

川鍋氏は、「流しでお客さんが拾ってくれたらラッキー」「売上が上がるのは雨の日」という考えを持つ会社の体質に愕然とし、タクシー会社として生き延びる新しい道を探っていきました。

そこで見えてきたのが、拾われるのを待つのではなく、選んでもらうタクシーになるという可能性です。そうはいってもどうすれば選んでもらえるのか。日本交通の挑戦が始まったのです。

生活者の本音

子どもに習い事をさせてあげたいけど共働きだし……

「共働きだから、子どもに習い事をさせたくても送り迎えが大変」「足腰が弱ってきて、スーパーへの買出しが大変」など、日常には小さな移動にまつわる「困った」があります。

だけど、自家用車を持っていなければ、タクシーを利用する人もいるでしょう。ただし、タクシーがすぐにつかまる大通りに面していない限り、タクシーを拾うのは容易ではありません。今まではタクシーがたまたま通るのを運に任せるしかありませんでした。

重なりの発見 陣痛が始まったときにすぐ来てくれる「陣痛タクシー」

これまでのタクシーは「拾う」ものでした。いざ必要というとき、すぐに来るか来ないか、あるいは乗ったタクシーのサービスが良いか悪いかは運任せ。逆にいえば、タクシー会社側にはほぼ平等に機会が提供されていました。

日本交通は、「タクシーは拾うから選ぶへ」というビジョンを掲げ、どんなに他社のタクシーが走っていても、あえて日本交通に電話して配車したくなるようなサービスの開発を進めています。なかでも、どこにいても配車を頼める「配車アプリ」は好評で、全国に広がりつつあります。

また、特定のニーズに合わせた配車も進めており、陣痛の際にすぐに来てもらえる「陣痛タクシー」も好評です。事前に「お迎え場所」や「かかりつけ病院」を登録しておけば、通院時はもちろん、いざ陣痛が始まったときにすぐに配車されます。

その他にも、学校・塾・自宅間を送迎する「キッズタクシー」など、生活者のニーズに合わせてきめ細かなサービスを展開しています。

「タクシー会社によって当たり外れがあった今までのタクシーの不満から解放されて、安心して移動したい」という生活者の本音と、「個人の運転手の経験と勘に頼って拾われるのを待つ不確定なビジネスから脱却したい」という日本交通の戦略が重なり、選ばれるタクシー会社として成長しています。

たった人口18万人の街が、どのようにして大都市に並ぶ観光地に生まれ変わったのか？

スペインにある、人口約18万人のサンセバスチャン。この小さな街が、人口比率でミシュランの星の数が世界一の街に生まれ変わりました。

どう考え方を変えた結果、パリ、バルセロナ、フィレンツェと戦える街に生まれ変わったのでしょうか。

ヒント 群れることで大魚と化す話がありましたね

弱くても勝てます

A-10

レシピを公開しあい、街全体のレベルを上げた

企業の強み・思い

せっかくおいしい店がたくさんあるんだから、世界中から観光客に足を運んでもらいたい

生活者の本音

特定の店に行きたいという理由で無名の地域に旅行を決めることはないけど、グルメの旅だったら行きたい

問題解決のポイント

- 情報を隠すのではなく公開したほうが、情報は集まりやすい
- 客を取り合うのではなく、観光客にとっての価値を考えた
- マイナーには、メジャーにはない希少性がある
- 競合が協力しあうことで、戦うステージが変わる

重ねる技術

「与えること」で成功する

誰かに情報を与えることで、自分が損をするかもしれない、という考え方はビジネスにおいてよくあります。はたして本当にそうでしょうか。

サンセバスチャンのケースは、私たちにまったく逆のことを教えてくれます。小競り合いをして、情報を隠すのではなく、お互いの情報を提供しあうことによって成長していくという新しい可能性です。

プログラミングの世界では古くからオープンソースという考え方があり、コードを共有し、お互いにわからないことを助け合う文化があります。

リナックスというコンピューターの基本ソフト（ＯＳ）はソースコードが公開されていて誰でも改良できるため今では十数万人が改良に携わっているといわれています。もちろんそれだけの人がブラッシュアップしてくれるわけですから、どんどん使い勝手のいい製品となっています。

情報も技術もそうですが、オープンにすることで新しい組み合わせが生まれたり、情報を公開した側には情報が集まりやすいのでさらに発展する可能性が増えるわけです。

企業の強み・思い

小競り合いするより、より多くの観光客に来てほしい

サンセバスチャンは、これといった観光資源が特になかったため、この地を訪れる観光客は低迷していました。もちろん知る人ぞ知る美食の街でしたが、世界的に見ればパリ、バルセロナ、フィレンツェなど美食の街は多くあり、あえてスペインの田舎町まで足を運ぶ人はいませんでした。

しかし、スペイン人、特にバスク人特有のオープンマインドが功を奏しました。フレンチのシェフのようにレシピを隠すのではなく、レシピを共有し合っていこうとする文化が、この街を大きく変えるきっかけとなりました。

より多くの観光客に足を運んでもらうために、街全体でレストランの味を上げていくことに取り組んだのです。

生活者の本音

グルメの旅なら行ってみたい

そもそも、特定の店に行きたいという理由で、無名の地域に旅行を決める人は滅多にいません。しかし、グルメの旅だったら行きたい人は多くいるのではないでしょうか。

その街に行けば、「どのお店であっても必ずおいしいものが食べられる」、しかも「複数

の店をはしごできる」ということになれば、街を訪れたくなる観光客が増えるのも当然です。

エンターテインメントとしておいしいものを食べられる街に行きたい人も多いはずです。しかも、「パリに行ってきたよ」と言っても目新しさはないけれど、サンセバスチャンでグルメの旅をしてきたら同僚にも友達にも自慢できる。そんなちょっとユニークな旅先を探す人たちのニーズがありました。

重なりの発見　複数のお店をはしごできるグルメのための街

最近では、スペイン旅行をするならサンセバスチャンも候補にしようという観光客が増えています。サンセバスチャンが街ぐるみで行ったのが、地元レストラン同士がレシピを共有すること。

フレンチ、イタリアンはいまだに徒弟制で、レシピは門外不出とされていますが、サンセバスチャンでは、自分のお店のレシピを公開し、お互いに技術を高め合っているのです。

その結果、この街のお店の料理はどこも洗練されていきました。料理のレベルが高まり、美食の都市として知られるようになりました。1店舗ではとても集められない人数の観光客が来る街になったのです。また、各店舗がピンチョスを中心としたミニチュアサイズの料理に切り替えたことで、複数のお店をはしごできるように工夫されています。

私もいつか行ってみたいと思っていますが、私の周りでも近年サンセバスチャンに行く人たちが増えています。帰ってくるや否や、バスク人との出会いから、生ハム専門店、オイルサーディン専門店のことまでおいしい話を聞かせてくれます。

そんな「ちょっと違ったおいしい旅をしたい旅行者のインサイト」と、「街ぐるみの取り組み」はうまく重なり、今ではグルメ旅を楽しみたい観光客にとっては食べ歩きが楽しめる街として知られるようになりました。

たった10年ほどで、人口比率でミシュランの星の数が世界一の街に生まれ変わったのです。

「ネスカフェ」はどのようにしてオフィスコーヒー市場で成功したのか？

日本には約５００万台の自動販売機がありますが、オフィス内にある自販機は入れ替わりが少なく、先行者が圧倒的に強いビジネスです。

また、法人営業が必要なため、ネスレのようなコンシューマービジネスを中心とした企業が新規参入し、逆転することは至難の業です。

しかしながら、ネスレはオフィスコーヒー市場に入り込むことに成功。いったいどのような手を打ったのでしょうか？

ヒント オフィスだからといって、法人営業する必要ってある？

A-11

ネスカフェの一般ユーザーを「ネスカフェ アンバサダー」にしてしまった

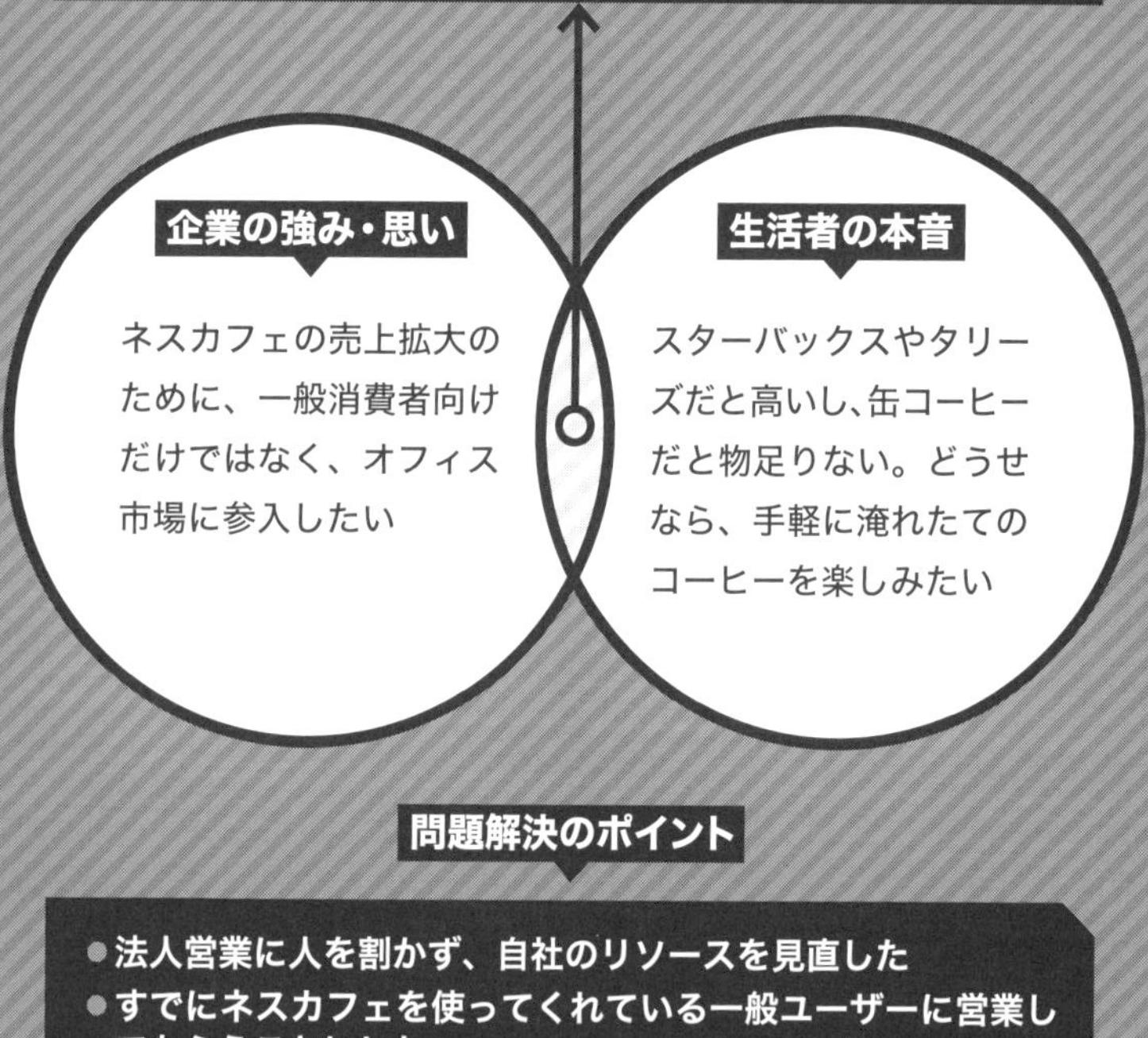

企業の強み・思い

ネスカフェの売上拡大のために、一般消費者向けだけではなく、オフィス市場に参入したい

生活者の本音

スターバックスやタリーズだと高いし、缶コーヒーだと物足りない。どうせなら、手軽に淹れたてのコーヒーを楽しみたい

問題解決のポイント

- 法人営業に人を割かず、自社のリソースを見直した
- すでにネスカフェを使ってくれている一般ユーザーに営業してもらうことにした
- コーヒーを外に買いに行くのは面倒。でも、缶コーヒーでは物足りないという不満があった
- コーヒーマシンは無料で貸し出して、収益源をコーヒー粉に絞った

重ねる技術

「空っぽ脳」で捉え直す

一般的には、消費者向けのビジネス（B to C）を行っている会社が新たにB to B（企業間取引）マーケットに参入しようとすれば、法人営業部隊をつくり、顧客開拓をしようとします。しかしネスレは法人営業ではなく、自社のリソースを見直すところから始めました。

考えてみると、オフィスでコーヒーを飲むビジネスパーソンは家に帰れば普通の生活者ですし、総務部長も消費者なわけです。そうであればお堅い関係で取引を始めるのではなく、ネスカフェ利用者として働きかけたらいいと、別の視点から捉え直したのです。

法人に対してビジネスをするなら、法人営業をしようと当たり前に考えるのではなく、「空っぽ脳」で捉え直すことで、違った戦略を立てることができたのです。

企業の強み・思い

オフィス市場に参入したい

ネスレはネスカフェビジネスをさらに広げるために、一般消費者向けだけではなく、オフィス市場の参入を考えました。しかし、オフィス市場の既存プレイヤーに人数や経験ではかなわないし、さらに法人契約は流動性が低いため、後発組にとっては不利な市場です。まったく違ったアプローチで戦わないと難しいと感じていました。

生活者の本音　手軽に淹れたてのコーヒーを楽しみたい

スターバックスやタリーズだと高いし、わざわざ外に買いに行かなければいけない。けれども、缶コーヒーだと物足りない。どうせなら手軽に淹れたてのコーヒーを楽しみたいと思っていても、そのニーズを満たす商品はありませんでした。

重なりの発見　「ネスカフェ アンバサダー」

そんな利用者に対して、「ネスカフェ」のコーヒーマシンを無料で貸し出すサービスを開始したのです。ネスレとしては、法人営業部隊を発足させるより、無料でネスカフェを配り、コーヒー粉で課金するほうが圧倒的にコストパフォーマンスがよい施策でした。利用者にとっても、無料でコーヒーマシンが手に入り、オフィスで自分の好きだったネスカフェを飲めるようにできるという双方幸せになる重なりが生まれたのです。

会社でネスレのコーヒーを飲みたいユーザーを「ネスカフェ アンバサダー」として募集。コーヒー粉代の集金やマシンの管理はアンバサダーが代行してくれるため、自動販売機を置かなくてもビジネスが成立する仕組みをつくり上げ、大きな成果を上げています。

ルールは変えるためにある

スター動物のいない動物園が、どのようにして入場者を増やしたのか?

かつて、旭山動物園は、入場者数年間約26万人という小さな町の動物園でした。ところが、2007年度には300万人以上、今でも年に約150万人が訪れる日本有数の動物園に生まれ変わったのです。

お金もなく、パンダやコアラといったスター動物もいない動物園が集客するためにとった打ち手とは、いったい何でしょうか。

ヒント 一日中、寝ているパンダにうんざりしています

A-12

動物が動き回り
元気にはしゃぐ仕掛けを導入した

企業の強み・思い

動物の面白さは、予想外の動きをする動物本来の行動自体にある！

生活者の本音

どの動物園に行っても動物は寝てばかり。リアルに動き回る元気な動物を子どもに見せたい

問題解決のポイント

- 資本力で勝てないなら、ルールを変えて勝負する
- 現場百回ではないが、ヒントは常に現場にある
- 図鑑や映像ではわからない、生の体験が動物園にはある
- 今いる動物だけでも、いきいきと動いてもらえたら、それが価値になる

重ねる技術 「戦うルール」を変える

動物園業界には、「お客さんを呼び込むためには目玉となるスター動物を展示する必要がある」という暗黙のルールがありました。実際問題、資本のある動物園はスター動物を購入し、さらに集客でき、小さな動物園は集客に苦労していました。

しかし、同じルールで戦うとなると、旭川動物園のような地方の小さな動物園は、資本力では勝てません。真面目に他の動物園と同じルールで戦っていても勝てなかったのです。

弱者として戦う場合、自らルールをつくり出すことが重要です。すでに誰かがつくったルールは、強者が戦いやすいように整えられているものです。しかし、新たにルールをつくれば、自分たちがいちばん戦いやすいやり方で戦えます。

どのマーケットを見渡してもすでに激しい競争が繰り広げられている今日、自らルールをつくっていく、変えていくスタンスが必須条件といっても過言ではありません。

企業の強み・思い 動物の面白さはパンダやコアラではなく、動物本来の動きにある

資本はないし、旭川という地の利もない場所で、今ある資産だけで戦う必要がありました。しかし、資本のないなかでやりくりするために分業せず、動物の飼育からイベントや

展示の企画まで現場のスタッフが力を合わせてやっていたので、働くスタッフ誰もが動物の面白さはスター動物ではなく、予想外の動きをする動物本来の行動自体にあると気づけたのです。

生活者の本音

リアルに動き回る元気な動物を見せたい

どの動物園に行っても動物が動かなかったり、寝てばかりだったり……。動かない動物だったら図鑑で見られるし、せっかく子どもを連れて行くんだったら、リアルに動き回る元気な動物を見せてあげたい。そう思うのが親心です。

重なりの発見

スター動物ではなく、動物の「行動を展示」した

動物たちが泳ぎ、はしゃぎ、飛ぶ姿を見せることができるのが動物園。スター動物を購入するのではなく、今いる動物に本来の活力を取り戻してもらうだけで、図鑑では見られない元気な動物を子どもに見せられるという価値を提供したのです。

ペンギンのプールに水中トンネルを設けたり、オオカミが自然に近い環境のなかを自由に動き回る様子を見せたりすることで、動物の価値を最大化させました。

第3章

「共感される戦略」を考える力が身につく

人によって、価値観はさまざまです。たとえそれがガラクタでも、ある人にとってはそれが大枚をはたくほどの商品になります。新築に負けない価値を見出した東京R不動産や利用者の少ない廃線寸前に追い込まれていたいすみ鉄道の戦略にあるように、企業が提供している商品・サービスの価値は、共感を生み出せば変わることを考えていきましょう。

新築、中古に続く第三の価値

中古物件を扱う「東京R不動産」は、新築に負けない価値をどのようにつくりだしたのか?

都心では、新築物件が高騰しているだけではなく、中古マンションも価値が見直され売買されていますが、なかでも中古物件のみを取り扱う不動産サイトの東京R不動産が注目されています。

そこに掲載されているのは、築数十年の雑居ビルや古いマンションなどで、新しさという基準ではあまり魅力的とはいえない中古物件ばかり。

しかし、東京R不動産で物件を選ぶユーザーは、古いことをあまりネガティブに捉えていないようです。いったいどのように価値を伝えたのでしょうか。

ヒント どうせ買うなら、どんな気持ちで中古物件を買いたい?

A-13

「新築」と「中古」という軸ではなく、「リノベーション」。あなたらしい住まいが見つかることを伝えた

企業の強み・思い

中古物件を一点ものの物件に生まれ変わらせる

生活者の本音

中古物件が欲しいのではなく、自分の価値観にフィットした個性的な居住空間が欲しい

問題解決のポイント

- 「二者択一」で考えるのではなく、その先を考え抜く
- 不動産の価値は「新しい」だけじゃない。価値観を掘り下げてみる
- 自分に合った住環境を探している人がいる
- 新築は高いから中古でなら買えるという「我慢した感」を排除すればいい

重ねる技術

「二者択一」の先へ

「新卒」「中途」や「購入」「レンタル」など、不動産と同じように、二者択一が前提となっている市場はたくさんあります。

特に合理的な人は割り切りたがりで、あいだにあるかもしれない第三の解を排除してしまいがちです。しかし、それは本当の頭のよさではありません。

本当の賢さは、わからないことを許容する力。とことん考え続けて第三の解を導くところにあります。

たとえばKADOKAWAの川上量生代表取締役社長は、いともたやすく二者択一論を飛び越えます。Youtubeという巨大ベンチャーが急成長しているのを目の当たりにしても、動画サイトでは勝てないと浅い判断はしません。

「よく、リスクが理論的に存在しうるってだけで、やらない人いるじゃないですか。でも、そのリスクが起こる確率を計算したら限りなく0％に近いかもしれない。そしたらやったほうがいいでしょ」と語るとおり、一見適当に見えますが実はかなり緻密に考え抜いています。

「ニコニコ動画」も著作権の問題、マネタイズの問題などリスクは多々ありましたが、あらゆるリスクを議論したうえでサービスを開始しているのです。結果、見事に「ニコニコ動画」を大成功させました。

「できる、できない」の二者択一の先が必ずあるのです。二者択一のあいだの淡い部分にスポットライトを当ててみる。そんな考え方が、新しい価値を生むときに重要になります。

企業の強み・思い 新しい以外の軸で「いい物件」を紹介したい

「主役はどっち？【部屋より広いバルコニー】」「レトロで涼やか、かつポップ」、いったいどんな物件なんだと、ついつい見てしまうリノベーション物件が集まる東京R不動産。

今までの平米数と価格を見るサイトとはまったく違ったつくりですが、月間アクセス数は350万を超える、日本でも有数の不動産サイトです。

東京R不動産を運営する林厚見氏は言います。「安くて合理的な家とともに、一方でちゃんと愛着を持てるものや、美しく創造的なものも普通に選べる『ダブルスタンダード』が当たり前にならないと、文化的に危機的状況を迎えてしまう。でもクリエイティブなものを、同時に合理的・効率的に提供する仕組みをつくる人は、往々にして少ないものです。合理的な人は、クリエイティブなことに興味が薄く、感性豊かな人は仕組みをつくらない。

そこにあるコンフリクトを埋めるのが、僕らの役割だと思っています」

新しいし安全だけど、つまらないタワーマンションが増えていく姿を見ながら、それだけじゃない不動産の持つ価値を伝えたいと思い、物件探しの価値観に一石を投じるメッセージを込めたのが東京R不動産なのです。

生活者の本音 予算がないから中古なんじゃなくて、この物件が好きだからという理由で選びたい

タワーマンションの内覧に行くと真っ先に、「オリンピックまでは価値が上昇するので、とてもお買い得な物件です」と言われます。

しかし人は、価値が上昇するからというだけで新築物件を購入するのでしょうか？「住んでいて気持ちがいいか」「同じ価値観の人たちが住んでいるのか」などいろいろな軸があるはずです。

「新築」「中古」という価値基準だけではなく、この物件はちょっと使いづらいけど、自分に合っている。そんな基準で住む場所を選びたいという本音がありました。

重なりの発見　中古ではなく「一点もの」

「中古」という「新築」の対義語で勝負をすると、どうしてもネガティブな印象を払拭しきれず、新築は予算的に無理だから中古にしようという「我慢した感」が出てしまうことが、中古物件の大きな課題でした。

東京R不動産は、これまで「新築」「中古」という二者択一だった市場に「リノベーション」という新たな選択肢を加えました。今までの物差しとは違った切り口で、中古物件にスポットライトを当てたのです。

「古い」ではなく「一点もの」という独自性を打ち出し、こだわりと価格を両立できる新しいマーケットをつくり出しました。

予算の問題で中古にするのではなく、「自分の価値観にフィットした個性的な居住空間が欲しいから選ぶ」という選択肢です。

物件購入者の「中古物件が欲しいのではなく、自分の価値観にフィットした個性的な居住空間が欲しい」という本音と、「新しさや合理性だけではなく、古くても文化的に価値がある不動産の価値を提案したい」という思いが重なり、「リノベーション」という新しい価値観が生まれました。

大切なモノはすぐ近くにある

「JR東日本」が発見した、鉄道事業以外の自社の大きな可能性とは？

ＪＲ東日本は２０００年にはすでに1日に１６００万人もの乗降客が利用する駅を保有していました。ただ収益を上げようとしても、常に混み合っているため、乗車率はこれ以上上げることができず、違った収益源を確保する必要があります。

そこで自分たちの資産に目を向けたときに、新しい最大の資産に気づきました。それはいったい何でしょう。

ヒント　電車に乗って帰宅するときに立ち寄る場所って……

A-14

駅を行き交う人自体が経営資源であることに気づいた

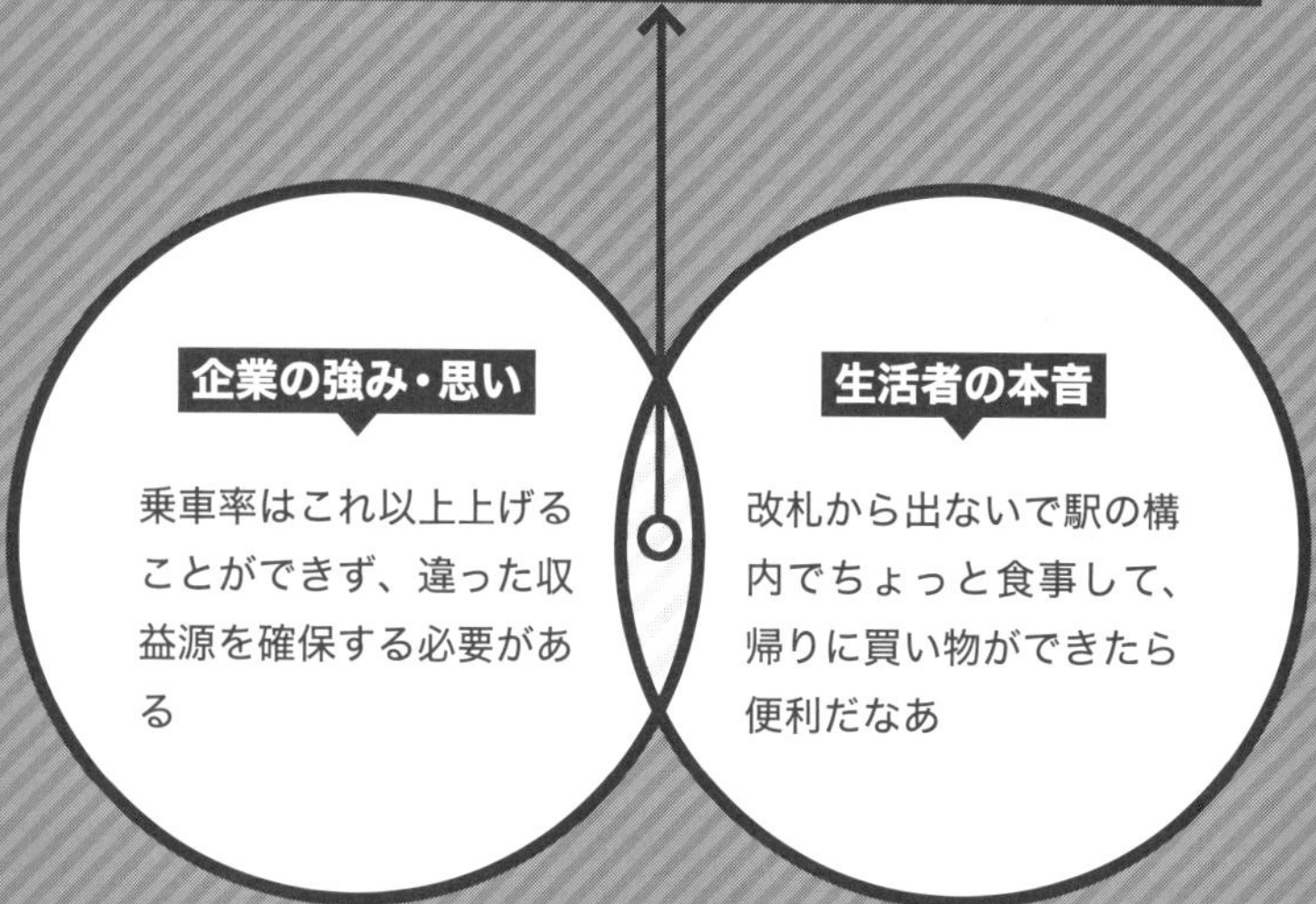

企業の強み・思い

乗車率はこれ以上上げることができず、違った収益源を確保する必要がある

生活者の本音

改札から出ないで駅の構内でちょっと食事して、帰りに買い物ができたら便利だなあ

問題解決のポイント

- いらないと捨てられているものでも、見方を変えれば価値になる
- これ以上増やすことはできない
- 通り過ぎていく乗降客自体の価値を見直した
- 新規顧客を増やすより、今いるお客様への新しいビジネスを考えた

重ねる技術 見えない価値に気づく

今まで、JR東日本は、乗降客を乗降客としか見ていませんでした。

しかし、乗降客はもしかするとデートに行く途中のギフトを購入する買い物客かもしれません。もしかすると、一人暮らしでご飯を食べて帰りたいと思っている買い物客かもしれません。そう考えると、1日に1600万人もの乗降客を乗降客で留めておくのはもったいないことに気づいたのです。

「自社のビジネスはこうである」と決めつけていると、目に見える資産と既存のビジネスモデルの枠を超えることができません。

たとえば、クックパッドが数年前に始めた「たべみる」という新規事業をご存じでしょうか。

ユーザーは毎日自分が作りたい献立を決めるためにあれこれ検索しますが、この膨大な検索ビッグデータを読み解くと、レシピの見えないトレンドが見えてくるのです。

このデータ、食品会社のマーケターだったら欲しいですよね。検索から見えてくるユーザー動向がわかれば、新商品開発にも役立てることができます。

そこで、「たべみる」ではデータという無形資産を販売するビジネスを始め、食品メーカーを中心に導入が始まっています。

豆腐屋がおからや豆乳を販売するように、ビジネスをしている過程で生まれた、見えていない自社の価値を見直すことで、顧客に新しい価値を提供できる可能性があります。

企業の強み・思い

これ以上乗車人数を増やせないなかで、新たな収益源をつくる必要があった

鉄道の利用客は、1993年を境に減少に転じ、運輸収入も減少傾向にありました。

JR東日本は、鉄道の他に百貨店や不動産業などの多角経営化を早くから進めてきた私鉄各社と異なり、営業利益の70%を鉄道に依存してきました。そのため、少子高齢化や団塊世代の大量定年などによって収益が停滞するという危機感がありました。

とはいえ、乗車率はこれ以上上げることができず、違った収益源を確保する必要があったのです。

生活者の本音

軽い買い物のために、改札を出るのは面倒だなあ

「自宅の最寄駅に戻っても大したお店がないから、どこか途中で食べて帰りたい」「友達と

会う前に、軽いプレゼントを買いたい」、そんな小さな欲求が生まれても、改札を出なければいけませんでした。

さらに、降りたところで駅の近くに自分のニーズに合った適当なお店があるかどうかもわからない。そんな不満は駅員に言っても改善されるはずはなく、乗降客の胸の内に留まっていました。

そもそも駅は通り過ぎるもの。キヨスクでドリンクや新聞、雑誌を買うくらいの存在で、駅の構内で買い物ができることなど期待されていませんでした。

重なりの発見　通過する駅から集う駅へ

2005年に大宮駅にオープンした「エキュート大宮」は、駅の外に出なくても買い物できる約2300平方メートルの店舗面積に68店舗をそろえた大型商業施設です。改札を出たのかなと思わせるほど、自然に商業施設に行くことができます。

どこかに行く途中、家路につく途中などに気軽に立ち寄れて、一人でちょっとした食事とお酒を楽しめたり、軽いパーソナルギフトを購入したりできる設計となっています。

駅は通り過ぎるものだと資産を過小評価していましたが、一番の資産は通り過ぎている乗降客だと気づいたのです。

今まではちょっとした買い物をするにも、改札を出てデパートや小売店に行く必要がありました。しかし、「エキュート」は改札を出ずにそのまま買い物ができます。新たな需要を呼び起こすことができ、乗降客を買い物客に変えることに成功したのです。

LTV（Life Time Value：顧客生涯価値）を重視する経営が増えていますが、新規顧客の獲得より、今利用してくれている顧客に新たな価値を提供することのほうが重要だと、改めて教えてくれる事例ですね。

「Wii U」は、どのようにしてお茶の間に受け入れられたのか？

ソーシャルゲームに押され、据え置き型ゲームが売れなくなってきています。独自路線で開発を進める任天堂ですが、「Wii」も「Wii U」もソーシャルゲームとはまったく違った思想でつくられています。いったいどのような思想を持ち、任天堂の据え置き型ゲームは開発されたのでしょうか。

ヒント これまでのゲームは勉強を妨げるのではなく、もっと大事なものを妨げていた

A-15

お母さんに嫌われない ゲーム機になることを意識した

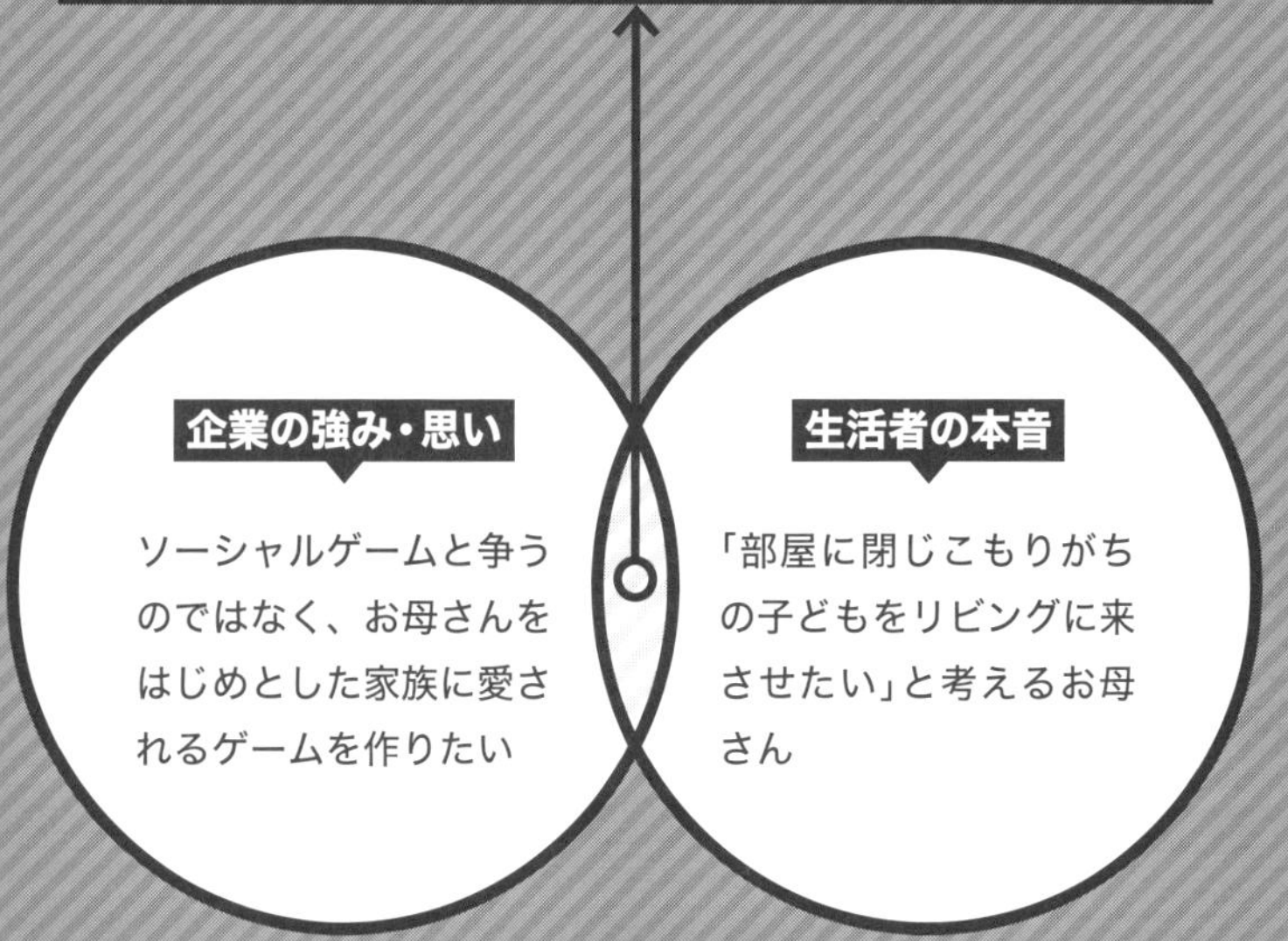

企業の強み・思い

ソーシャルゲームと争うのではなく、お母さんをはじめとした家族に愛されるゲームを作りたい

生活者の本音

「部屋に閉じこもりがちの子どもをリビングに来させたい」と考えるお母さん

問題解決のポイント

- そもそも、その問いが間違っていることはないか
- ゲーム機は邪魔ものなのか、もっと違う役割を担えないか
- 部屋に引きこもる子どもをリビングへ来させたいという母親の思い
- 家庭のコミュニケーションの仲介役というポジション

重ねる技術

正しい問いが、正しい解を生む

答えを探しても、答えは生まれません。正しい答えは、正しい問いをつくることから導かれます。

「60分間で、これから出す問題についての解決策を見つけなければ、お前の命はないと言われたら、どうするか?」と聞かれたとき、「55分間は、適切な質問をするために使う」とアインシュタインは答えたそうです。

日本の学校教育の弊害もあり、どうしても答えを探しにいってしまう癖が染み付いています。しかし、当たり前ですがビジネスに答えなんてありません。むしろ問いをつくる力こそ求められています。正しい問いは視座を高め、視界を広げてくれます。この正しい問いをつくるうえで、近江商人の「売り手良し、買い手良し、世間良し」という視点が大変役に立ちます。

もしもWiiの開発者が持っていた問いが、「子どもにもっとゲームをしてもらうためにはどうしたらいいか?」というレベルであったなら、ゲームは今でもリビングの邪魔者だったでしょう。

彼らの持っていた問いが、「家族の関係をよりよくするために、ゲームができることは何か?」という高次元の問いだったからこそ、お母さんにも嫌われない商品をつくり出すことができたのです。

企業の強み・思い

リビングにコミュニケーションを生むゲーム機にしたい

任天堂はようやく2016年に「Miitomo」「Pokémon Go」でソーシャルゲームも開始しましたが、常に「家族のみんながふだん使う道具にもっと近づきたい」という思いを持ち、開発しています。

据え置き機は、リビングで子どもたちがゲームをしていると片付けられないし、テレビも占領されるので、何かと邪魔者扱いされていました。しかし、ゲームという枠を超えて、据え置き機があるからこそリビングにコミュニケーションが生まれる、そんな道具になりたいと、岩田聡社長(当時。2015年逝去)をはじめ、開発メンバーは願っていました。

生活者の本音

リビングにいてくれるだけでありがたい

電車でも、家でも一人でソーシャルゲーム。そんな子どもが増えています。家に帰ってきてもすぐに部屋にこもりスマホでゲームばかりしていたら、お母さんは不安ですよね。

せっかく家にいるときくらいはリビングにいてほしいと思っても、お年頃の子どもは、そんなお母さんの気持ちなんて察知してくれません。

昔は子どもがゲームをやっていてテレビが占領されることが不満でした。最近は、リビングにいてくれるだけでありがたいと思うお母さんが時代とともに増えつつあります。

重なりの発見

子どもがリビングにいたくなるゲーム機

Wii Uはテレビがなくても、ゲームパッドの画面だけでプレイすることもできます。だから、子どもがテレビの大画面でゲームをやっているときに親がテレビを見たいと思えば、テレビからゲーム機へと画面を切り替え、子どもは手元の本体でゲームを続けることができるのです。

子どもがソーシャルゲームをやって部屋に引きこもる、またはテレビの覇権争いが起きるといった現代のリビング問題を回避して、一人ひとりが思い思いのことをやりながらリビングに集えるゲーム機をつくったのです。

この家族のコミュニケーションを生むという思想はWiiの随所に現れています。たとえば、「Wii伝言板」という機能について開発者の玉木真一郎氏はこう語っています。

「『Wii 伝言板』が家族のコミュニケーションの仲介役のような役割を果たしてくれたらいいなあと思っているんです。いっしょに過ごす時間がなくて、すれ違っているようなときも、『Wii 伝言板』をちらっとのぞくと、それぞれの存在をうっすらでも感じることができる」

「なかなか子どもとうまくコミュニケーションがとれないお母さんの気持ち」に寄り添い、「リビングの邪魔者ではなく必要とされる道具になりたい」という任天堂の思いが重なった結果、Wii シリーズはお茶の間の市民権を得たのです。

廃線寸前のローカル線「いすみ鉄道」に、乗客を増やすには？

東急電鉄や小田急電鉄のように利益を出している私鉄は少なく、全国のローカル鉄道は少子高齢化と過疎化の波に襲われ、廃業に追い込まれています。2000年以降、廃線となったローカル線は38路線にも及びます（2016年4月現在、国土交通省）。

千葉県のローカル線「いすみ鉄道」も同様に赤字続きで、存続が危ぶまれていましたが、わずか数年で経営が改善されつつあります。

なんと週末には、近隣住民ではなく、30〜40代の女性も多く観光に来ています。何もない田舎のローカル線に、いったいなぜ若い人たちが訪れるようになったのでしょうか？

ヒント せっかく週末に旅行に行っても、かえって混んでいたなんてことも……

A-16

消費する観光ではなく、何もないことを売りにした

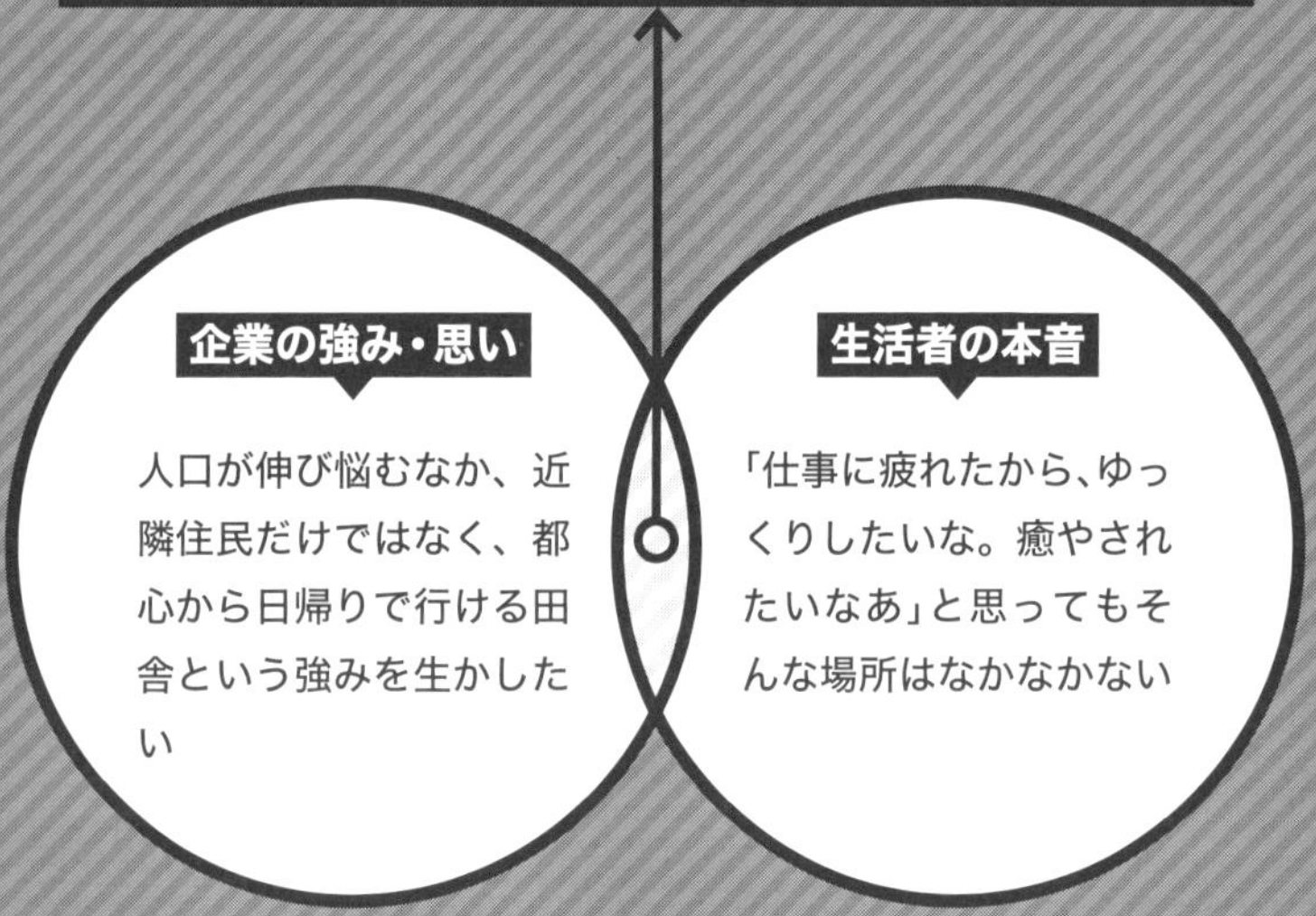

企業の強み・思い

人口が伸び悩むなか、近隣住民だけではなく、都心から日帰りで行ける田舎という強みを生かしたい

生活者の本音

「仕事に疲れたから、ゆっくりしたいな。癒やされたいなあ」と思ってもそんな場所はなかなかない

問題解決のポイント

- 会社の常識が、時には世間の非常識になっていることがある
- 人口が減少していくなか、地元の人だけだと、先細りしてしまう
- 都心から行ける観光地はどこも混雑している
- 無い物ねだりをするのではなく、田舎であること自体の価値を再発見する

重ねる技術 「よそ者視点」で考える

同じ業界や会社に長くいると、付き合う人間も近しい人ばかりになり、企業の論理が強く働いてしまいます。外から見ると、「えっ」と思うことも、社内にいると当たり前になってしまうことも。この「よそ者視点」の欠如が、商品・サービスを提供するときにズレを生む原因となります。

そうはいっても、毎日同じ環境にいると、考えが凝り固まってしまい、自分が主観的になりすぎていることもわからなくなってしまうものです。

そこで重要になるのが、「よそ者視点」で考える技術です。優れたマーケターは自分の頭のなかに複数の別人格を住まわせていて、「その人だったらどう言うかなあ」とシミュレーションすることがあります。

いちばん簡単なのは、頭のなかに母親を住まわせること。ITにもそんなに強くないし、難しいことを言ってもわからない母親に理解してもらえるかという視点です。

私も、以前消費財メーカーでシャンプーの商品開発をしていたときは、「母親がドラッグストアですぐに理解できるコンセプトなのか」を確認するために、定期的にこの問いを投げかけるようにしていました。

スマホのアプリを起動するかのように、別人格を起動して、「よそ者視点」で捉える練習をすれば、同じ会社に長く勤めていても客観性を保つことができるのです。

企業の強み・思い **近隣住民だけではなく、新たな顧客に利用してもらいたい**

2006年には利用者が年間50万人と1988年の45%まで落ち込み、毎年1億円以上の赤字を垂れ流す状態になっていた、いすみ鉄道。

人口減少が加速する地方で、近隣住民だけのためにローカル線を運営していても赤字から脱却できないという現実がありました。そのため、近隣住民だけではなく、新たな顧客に利用してもらう必要がありました。しかし、整備された観光資源があるわけではなく、あるとすればあたり一面に広がる田園風景くらいでした。そのため目の肥えた団塊の世代を満足させるのはハードルが高いと判断したのです。そこで狙いをつけたのは、丁寧な暮らしに憧れ、小さな幸せを見出せる30代の女性客です。

生活者の本音 **せっかく旅行に来たのに、かえって混んでてうんざり……**

「仕事に疲れたから、ゆっくりしたいなあ」「癒やされたいなあ」と思ったときに行きたいのは、観光客向けに開拓された観光地ではなく、本当に何もしなくていい場所という方もいらっしゃるのではないでしょうか。

しかし、そんな場所はなかなか都心には残されていません。都心から行ける観光地といえば軽井沢、箱根など有名なところを思い浮かべますが、ハイシーズンにもなると渋滞に巻き込まれたり、飲食店に入るために行列に並ぶ必要があります。

都心に住む人間にとって本当の癒やしが欲しくても、休日にゆっくりしたいと思ったときに思い浮かぶ選択肢は案外少なかったのです。

重なりの発見 何もしない、何もないことが贅沢だった

いすみ鉄道は、この「よそ者視点」で自社を見直しました。その結果、宣伝すべきものを無理やり見つけたりつくり出したりしなくても、「何もない」ことを認め、それを売り物にしたのです。ただ電車が田園風景のなかを走ることに価値があると気づいたのです。

そこで、車両を改造し、車内レストランをつくり、週末には田園風景を楽しみながら食事ができるコースを提供。売り出すとすぐに完売するほどの人気ぶりです。

「都会の疲れを癒やすために田舎に行きたい」という30代の女性の本音と、「何もない」けど、

田園風景をただただ楽しめて、日帰りで行ける「都会に近い田舎」という独自のポジションをとったのです。

私たちはついつい「無い物ねだり」をしてしまいます。そして、無い物にコンプレックスを感じて弱みを補強しようとします。しかし、弱みを補強したところで及第点が関の山です。だったら、いっそのこと無いことを認め、今ある物を活かそうという考え方が必要です。

徳島県上勝町の「葉っぱビジネス」をご存じでしょうか。かつて過疎化と特産物であった木材とみかんの出荷の伸び悩みで苦しんでいた町が始めた、「つまもの」と呼ばれる日本料理を彩る花や葉っぱを農協に出荷するビジネスです。今では約2億6000万円もの売上を生み出すビジネスに成長しています。無い物ねだりをせずに目の前にあった「葉っぱ」にポテンシャルを発見できるような力を磨いていきましょう。

コンテンツビジネスのあるべき姿

漫画が売れない時代に、「宇宙兄弟」はどうやって人気を維持しているか?

コンテンツビジネスは過渡期を迎えています。本も雑誌もCDも売れなくなってきていますが、漫画も同様の状況に置かれつつあります。

そんななか、「宇宙兄弟」でおなじみの小山宙哉氏は、漫画に出てくるグッズの販売事業を開始しました。

新たな収益源としても重要でしたが、実はそれ以外にも大きな価値をもたらしました。それはいったい何でしょうか。

ヒント　単行本は3~6か月に1回の刊行サイクルである

A-17

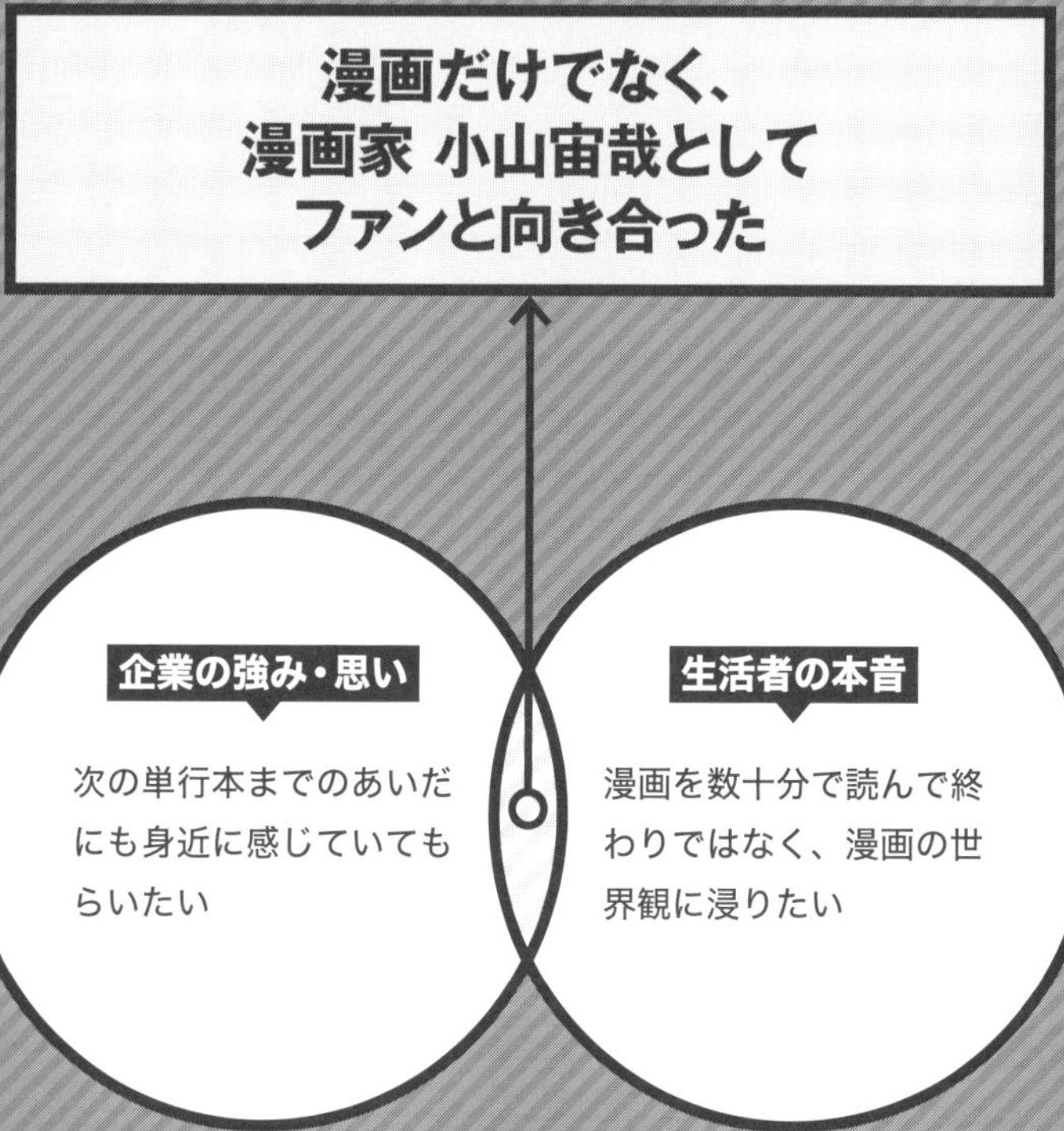

漫画だけでなく、
漫画家 小山宙哉として
ファンと向き合った

企業の強み・思い

次の単行本までのあいだにも身近に感じていてもらいたい

生活者の本音

漫画を数十分で読んで終わりではなく、漫画の世界観に浸りたい

問題解決のポイント

- 質を上げなくても、接触回数を増やすだけで関係はよくなる
- 漫画雑誌を読まない女性ファンともつながっていたい
- 漫画の収益以外に、新しい収益源をつくりたかった
- 漫画に出てくるアイテムを実際に購入できる新しい試みを行った

重ねる技術 質より身近さを

「日本の漫画も商品も質が高いなあ」と海外に行くたびに感じます。しかし、「ものづくり発想」をしていると、「いい商品を作っているんだから売れるはず」という勘違いが起こります。品質を高めれば買ってもらえるという作り手の論理で考えると、ものづくりがゴールになってしまいます。

漫画も、品質を高めることは重要ですが、仮に1年に1回しか好きな単行本が出なくなってしまったらどうでしょうか。いくら好きな漫画だったとしても、ついつい他の漫画に浮気をしちゃったり、忘れてしまったりします。

作者としては全力でクオリティを高めようという意図があると思いますが、心待ちにする読者からすると「間延び感」が生まれます。

身近さを感じてもらうためには、品質だけではなく、接触回数が大切です。あまり親しみのなかった人でもよく会っていると関係が良好になることが多いのは、接触回数が増えたことによるものです。

アメリカの心理学者ロバート・ザイアンスは「単純接触効果」と呼び、繰り返し接することで好感度や印象が高まるという考えを提示しています。

もしもあなたのサービスの品質が及第点を取っているのなら、残された余白は「身近さ」にあるかもしれません。

企業の強み・思い

読者の気持ちをとどめておきたい

出版業界が苦境に立たされている今、どの出版社も売上を維持することに必死です。背景には、漫画の売上がきわめて短期に集中しやすいことがあります。特に、さまざまなコンテンツがひしめく現代において、時間が空くことは命取りになりかねません。

どんな面白い漫画でも1時間もあれば読み終わってしまいます。ドラマでしたら毎週決まった時間に新しいコンテンツが配給されますし、HuluやNetflixなどの動画配信サービスだったらまとめて見ちゃうことだってできます。

一方、連載中の漫画は単行本を読んでしまったら、それから数か月待たなければならず、漫画と読者のあいだに空白の時間が生まれてしまうのです。もちろん漫画雑誌での購読もできるのですが、最近は漫画雑誌を購入する人は減り、特に女性ファンが多い「宇宙兄弟」の場合は単行本と単行本の間は埋める「何か」が必要でした。数か月間の遠距離恋愛はとてもリスクが高く、新しい関係のつくり方が求められていたのです。

生活者の本音

好きな漫画やキャラクターというのは特別な存在

スマートフォンを開けばすぐにゲームができるし、友達とチャットもできてしまう。暇な時間が暇じゃないくらい忙しくなってきています。ただ、多くの読者にとって、好きな漫画やキャラクターというのは特別な存在です。世界観に浸れて、一緒に旅行もできるし、恋愛もできる。そんな漫画という存在をもっと身近に感じていたいという気持ちがありました。

重なりの発見

漫画以外で、身近さを感じてもらう

そこで「好きな漫画の世界にもっと接していたい」という気持ちと、「読者の気持ちを離したくない」漫画家のニーズが重なり、漫画に登場するアイテムを購入できるビジネスがスタートしたのです。

「宇宙兄弟」で印象に残るエピソードに登場したへアピンは、すぐに完売したそうです。現在、「漫画家小山宙哉のセレクトショップ」では雑貨、アクセサリー、ステーショナリーをはじめとしたさまざまなグッズが販売されています。また、LINE、Facebook、Twitterとソーシャルメディアの特性に合わせて情報を発信しています。KoyaTube（コヤチュー部）というファンクラブメールマガジンを配信し、会員しか読めない没になった裏ストーリーなどファンなら誰もが知りたい情報を頻繁に配信することで安定した人気を保っています。単行本以外の接触回数を増やすことにも注力しているのです。

私は特産品のリデザインをすることがあるのですが、現場で直面するのが、「うまいものを作ったんだから、売れるはず」という思い込みの問題です。

伝える努力をしていないのに、作ったら売れるなんてことはありません。もちろんたまたまテレビに取り上げられて売れるということもありますが、一過性にすぎません。作ることは始まりにすぎず、関係をつくってようやく売れるのです。

質を上げる時間の10％を、お客さんに親近感を覚えてもらう努力にまわすだけで、チャンスは増えるはずです。

新しい問題をつくる

Q-18

JINS PCは視力矯正用のメガネではないのに、どうして600万本以上売れたのか？

日本の近視人口は7000万人を超えるといわれています。

そのため、古くからあるメガネ屋から、眼鏡市場やZoffをはじめとする定額制の低価格のメガネ屋まで、街にメガネ屋があふれかえっています。

ただ、ほとんどの人はオシャレメガネ愛好家ではないので、毎日同じメガネをかけている方も多いのではないでしょうか。

しかし、あるメガネの登場によって、この世間の常識が今、変わりつつあります。JINSが始めた、視力矯正用のメガネではない、パソコンやスマホを使う人のためのメガネです。累計販売本数は600万本を超えていますが、なぜここまで必要性があるメガネとして受け入れられたのでしょうか。

ヒント 矯正ではなく、予防である

A-18

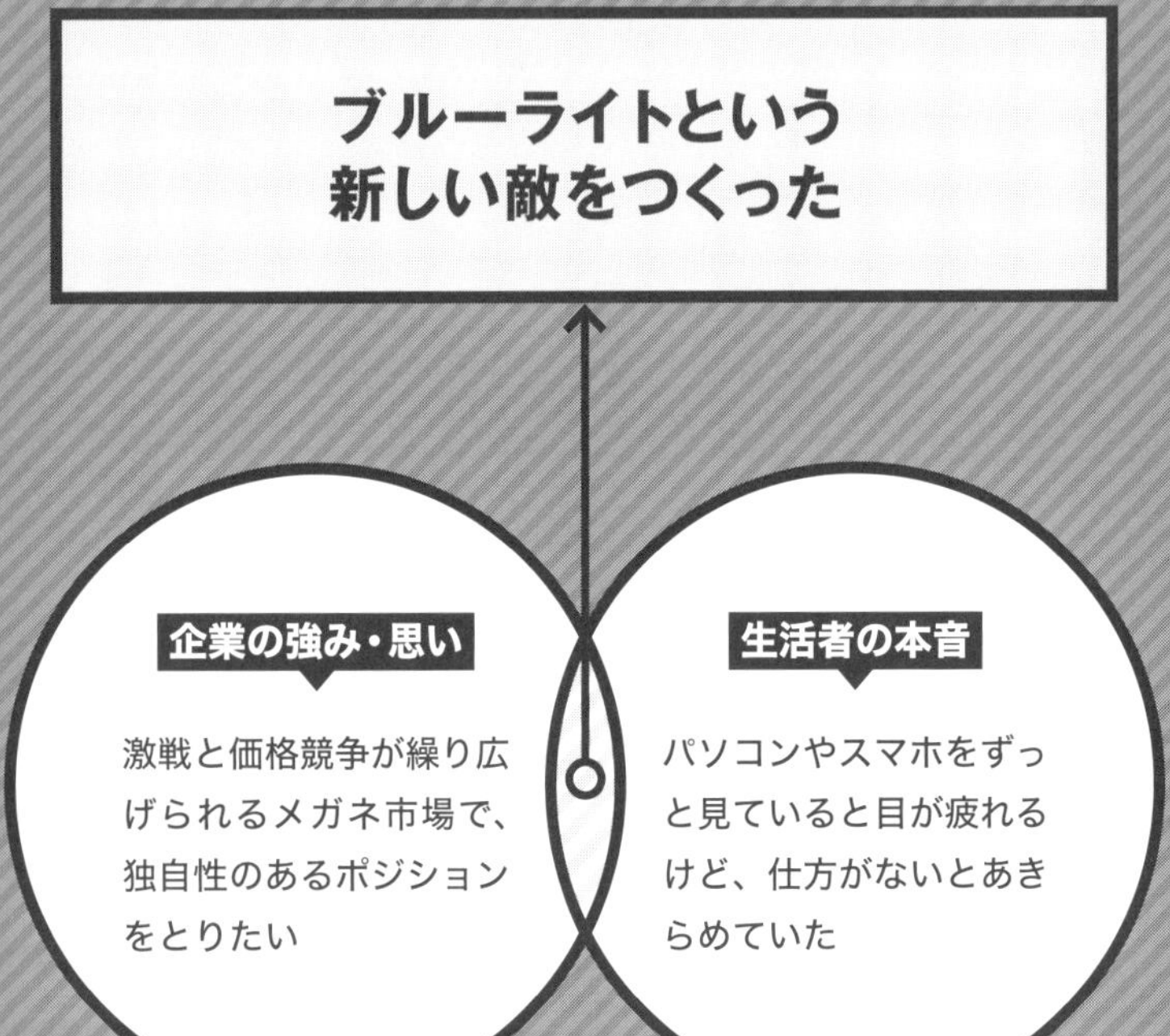

ブルーライトという新しい敵をつくった

企業の強み・思い

激戦と価格競争が繰り広げられるメガネ市場で、独自性のあるポジションをとりたい

生活者の本音

パソコンやスマホをずっと見ていると目が疲れるけど、仕方がないとあきらめていた

問題解決のポイント

- 新しい言葉をつくることで新たな市場をつくる
- 「目が悪い」人より、「インターネットを使っている」人のほうが多い
- 「パソコンを使わないで仕事ができたらいい」けど、現実的に不可能である
- メガネを作るだけではなく、腑に落ちる問題をつくった

すでに私たちが当たり前に使っている商品は、何かしらの問題を解決してくれるから購入されているわけです。

TOTOのウォシュレットなんて代表的な例ですね。今から30年前、日本にはお尻を洗う文化はありませんでした。トイレットペーパーで拭くだけでしたが、みんなちゃんときれいになったか不安だったはずですが、仕方がないと我慢していました。

そこで、TOTOは「お尻は拭いただけでは汚れている」という問題を明るみにさらけだしたのです。ウォシュレットは「おしりだって、洗ってほしい」というお尻の気持ちになったセンセーショナルなキャッチコピーとともに世に送り出されました。

今となっては、「ウォシュレットがないと気持ちが悪い」と感じる方も多いのではないでしょうか。

ただ、「そうか！　問題をつくったらいいのか！」と焦ってはダメです。都合よく問題をつくったらいいというわけではありません。本当に生活者が満たされていない問題でない限り、市場は生まれません。

重ねる技術 新しい敵をつくる

新しい敵をつくるためには、まず「本当はこうだったらいいのに、無理だよなあ」と諦めている生活者のモヤモヤを発見する必要があります。「なんかお尻がムズムズするけど仕方ないよなあ」「目が疲れたけどパソコンを使わないといけないし、仕方ないよなあ」と、無意識のうちに諦めてしまっていることを見つけ出しましょう。そして、この満たされていないニーズを明るみに出すために「ブルーライト」をはじめとした新しい敵を登場させるのです。

企業の強み・思い

目が悪い7000万人より インターネットユーザーの1億人を守りたい

JINSは2001年に、後発組としてメガネ業界に参入しました。他のメーカーとは違い、「メガネを買う」というわずらわしい体験をファッション感覚で楽しめる体験へ変えるために、店舗設計から料金体系までこだわってつくってきました。

しかし、1996年には5977億あった日本のメガネの市場規模も、今では4000億円を割り込むまでに縮小してしまっています。

さらに、新商品を出しても他社がすぐに真似をする業界です。デザインや価格で勝負をしても、競合との小競り合いという成長のない状態に陥っていました。

視力矯正のためのメガネという枠を超えない限り、可能性が広がらない状態だったのです。

そんななか、JINSを展開するジェイアイエヌの田中仁社長は、パソコンを長時間触ったあとの目のかすみと頭痛に悩まされ、知り合いの眼科に相談したところ、「それはもしかしたら、ブルーライトのせいかもしれませんね」とまったく聞き覚えのない言葉を聞いたのです。このブルーライトという聞きなれない問題に、田中氏は勝機を見出しました。

ブルーライトというまったく新しい「敵」を知れば、目が悪い7000万人を超える、インターネットを使っている1億人の問題を解決できるのではないかと気づいたのです。

生活者の本音 目を本当は休めたいけど、仕事をしないといけない

20代で老眼が進行するなど、パソコンやスマホの使い過ぎによる視力の低下が社会問題化しています。ただ、パソコンを使わない仕事はほとんどないですし、何をやるにもスマホはやっぱり便利です。そうなると、眼精疲労は避けられません。これまで、「目が疲れたなあ」と感じたら、目薬をさすくらいしか思い浮かぶ対応策はありませんでした。

「パソコンを見ないで目をゆっくり休ませたいなあ」と思っても、仕事をしないわけには

いきません。それなのに、目をいたわる方法がわからないというモヤモヤがありました。

重なりの発見 ブルーライトをカットするメガネを発売した

JINS PCが発売される前に、「ブルーライトって知っていますか?」と街頭インタビューをしたら、おそらくほとんどの人が知らなかったはずです。

「パソコンやスマホを使うと、なんか目が疲れるな」と思っていても、漠然と「長時間、目を酷使しているからかな」くらいで終わっていた生活者の目の前に、突然悪者が登場したのです。それがブルーライトでした。

メガネを作るのではなく、「問題をつくること」で、度付きのメガネを必要としない人を取り込んで新たな市場をつくり出しました。JINS PCを、新たな悪者と一緒に登場させたことで、購入する必然性が高まったのです。

発売当初、田中社長が、「将来的な目の疾患予防のためのメガネが普及することは社会的な意義があるばかりでなく、視力の良い人もメガネを購入することで市場のパイが大きく広がることも意味する」と熱い思いを語っています。

第4章

常識を疑い、「新しい価値」を考える力が身につく

「自分では当たり前と思っていることが非常識」というのは往々にしてあります。「朝食市場において、パンとご飯と戦う」という考えをやめた「フルグラ」の販売戦略や、「人型ロボットは人に似せるから人型だ」とこだわっていたら生まれなかったであろう「Pepper」など、常識の先に思わぬ発見（ニーズ）があることを考えていきましょう。

苦戦していた「フルグラ」は商品をそのままにどのように売上を伸ばしたのか？

カルビーの反省と攻勢

アメリカのオーガニック市場が４兆円を超えるまでに成長し、日本でも同様に健康志向が高まってきています。ココナッツオイルやグラノーラも普通のスーパーで見かけるようになってきました。

そのグラノーラ市場をリードするのが、カルビーの「フルグラ」。オーツ麦や玄米などの穀類と糖類を混ぜて焼き上げたグラノーラに、ドライフルーツをミックスした、朝食用のシリアルです。

シリアルマーケット２５０億円のなかで37億円の売上。ヒットには結びつかずに苦戦していたカルビーは、商品を変えずにあることを変えただけで、売上２００億円に迫る勢いの商品に生まれ変わらせました。いったい何を変えたのでしょうか。

ヒント ライバルであるパンとご飯には休戦を申し込んだが、生き残るために他と同盟を組むことにした

A-19

シリアル市場で戦うのではなく、「ヨーグルトの友達としてのフルグラ」になった

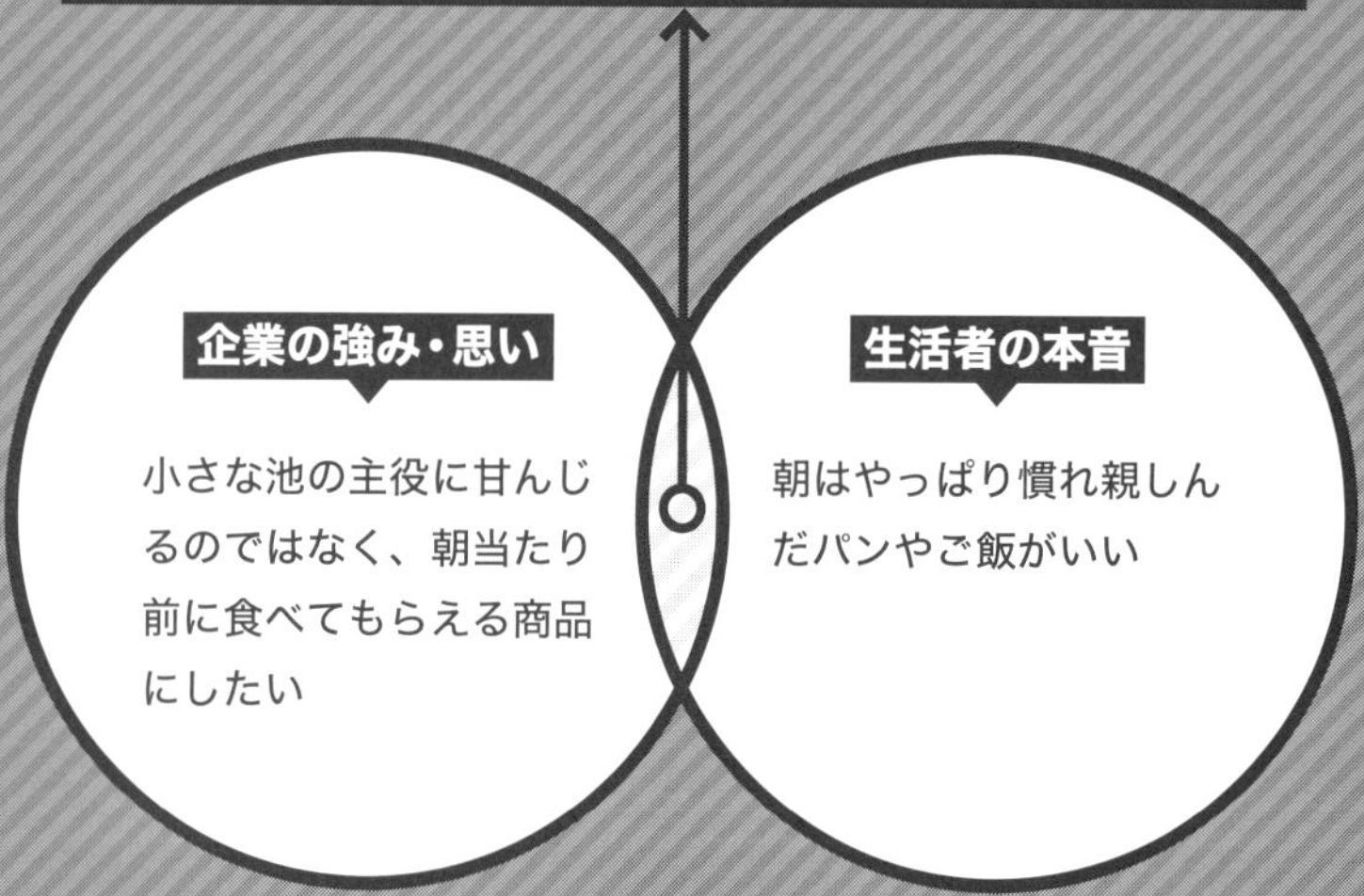

企業の強み・思い

小さな池の主役に甘んじるのではなく、朝当たり前に食べてもらえる商品にしたい

生活者の本音

朝はやっぱり慣れ親しんだパンやご飯がいい

問題解決のポイント

- 商品を主役にせず、脇役という立ち位置で考えてみる
- 小さなマーケットで主役になるより、大きなマーケットで脇役になる道もある
- 朝のパンやご飯という習慣に勝てないなら、それ以外との共存を模索する
- 売上が伸び悩んだとき、商品を変えずに、ポジショニングを変える方法もある

重ねる技術

主役を狙わない

メーカーのコンサルティングを行う際に必ずといっていいほど問題になるのが、「主役脇役問題」です。自社の商品が主役になってくれたほうが当然気持ちがいい。ただ生活のなかで主役になれる商品は限られています。主役を狙っていくということは、生活者の行動を激変させるくらいのインパクトが必要です。

たとえばiPodのように1000曲を持ち運べるようにして、他のポータブルオーディオすべてを破壊するくらいのインパクトがないと主役の座は奪えません。それよりもすでにある主役を引き立たせる名脇役になるという方法が効果的なことが多いのです。

脇役になることで登場機会は倍増します。結果的に売上も伸びることが多いので、自社の商品に脇役としての活躍機会がないかを考えることは新しい重なりをつくるうえで重要です。

たとえば、ユニクロは、ZARAやH&Mというファストファッションブランドと戦うことをやめ、脇役の道を選びました。トレンドに左右されない機能性を高めたインナーウエアをはじめとした、ベース商材に資源を集中させています。ファッションには好き嫌いが現れますが、「AIRism（エアリズム）」や「HEATTECH（ヒートテック）」のような機能は老若男女、海を越えても普遍的な価値を生み出すことができます。世界中のファッションブランドが主役を争っているあいだに、ユニクロはいつしか名脇役の座を不動のものとしたのです。

企業の強み・思い

シリアル単体で売るのではなく、朝食市場に根付かせたい

カルビーは、「ポテトチップス」や「じゃがりこ」などを発売しているスナック菓子メーカーです。多くの読者にとって、その印象は強いのではないでしょうか。しかし、実は朝食マーケットで「1000億円の売上を目指す」目標を掲げているのです。

当初は、「おいおい、それは難しいだろう」と、社内では誰もが思っていたようです。フルグラはいい商品ですが、売上が伸びず、「『いつやめるのか』という雰囲気が漂っていた」とフルグラ事業部の部長、藤原かおり氏は語っています。

しかし、2009年に会長兼CEOに就任した松本晃氏は、売上30億程度だったフルグラの可能性に気づき、スナックのようにシリアル単体で売るのではなく、朝食市場にいかに溶け込ませるかという新しい挑戦を始めたのです。

生活者の本音

朝のシリアルには抵抗があっても、健康のためにヨーグルトに少し足すなら……

シリアルに馴染みのない家庭にとって、朝ごはんをシリアルに変えるのは大きな決断です。さらに、朝ごはんにパンやご飯を食べている家庭では手抜き感も否めないので、急にシリアルに変えることはなかなか起こりづらいものです。

典型的な朝ごはんであるパンに、サラダに、ヨーグルト。ここにメインとしてさらにシリアルが入り込むのは難しいですよね。だけど、ヨーグルトに少し足すだけで家族の体をいたわれるのであれば、「一度買ってみようかしら」と思う主婦は多いのではないでしょうか。

重なりの発見

「ヨーグルトの友達としてのフルグラ」になった

カルビーが発見したのは、フルグラを主役にするのではなく、ヨーグルトのお供にするというポジショニングでした。実はヨーグルト市場は、シリアル市場250億円に対し、10倍以上の3300億円（2011年）規模です。それだけ、ヨーグルトが日常の生活に入り込んでいることがわかります。このヨーグルトに混ぜるものとして、フルグラを訴求できれば可能性があるのではないかと考えました。

ちょっと混ぜるだけで、フルーツの食物繊維をとれる便利な名脇役として、今まで混ぜていた蜂蜜やジャムと邪魔しあわないプラスアルファの存在を目指したのです。

結果は驚くべき成長を遂げ、２０１１年に37億円だった売上が、わずか４年で約５倍の２００億円に迫る勢い。主役になろうとして小さなシリアル市場で戦っていたら、小さな池のなかで主役になれていたかもしれませんが、大きな湖の名脇役になったことで、朝ごはんの食卓にフルグラがある生活を実現したのです。

「Pepper」は何をあきらめたことで、成功を果たしたのか？

ロボットが当たり前のように日常に溶け込んだ世界。ちょっと前までは非現実的でしたが、今では現実になりつつあります。特に街でもよく見かけるようになってきたコミュニケーションロボット「Pepper」。

開発したソフトバンクは、あることをあきらめることで、市場にいち早くコミュニケーションロボットを送り出し、普及に成功しました。そのあることとは、人型ロボットとして重要なことなのですが、いったい何でしょうか。

ヒント 人はPepperに何を求めているでしょう？

A-20

人型ロボットなのに「二足歩行」を捨てた

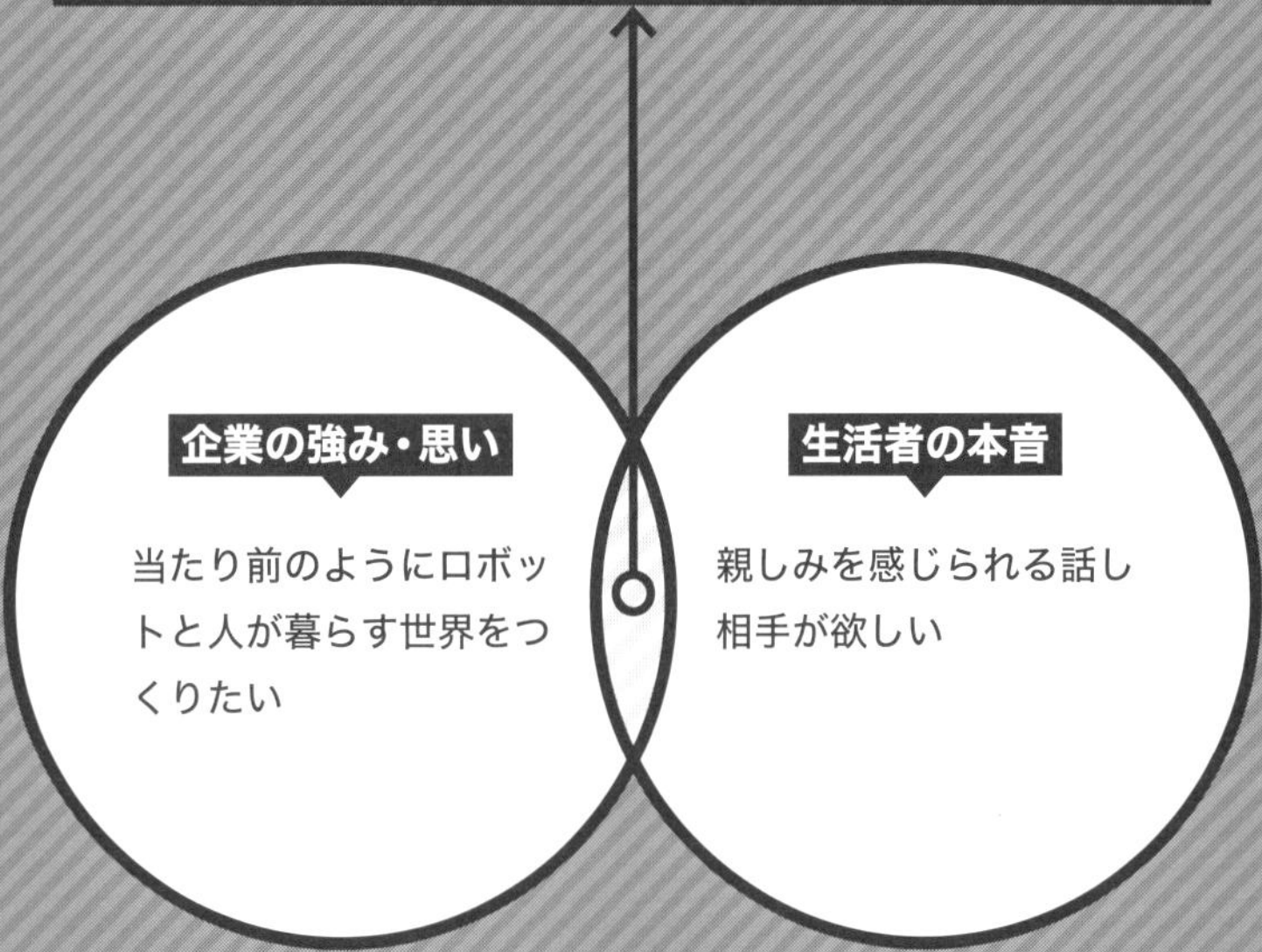

企業の強み・思い

当たり前のようにロボットと人が暮らす世界をつくりたい

生活者の本音

親しみを感じられる話し相手が欲しい

問題解決のポイント

- 「あれもこれも」と判断せずに、何を大事にするのかを決める
- 「バッテリーの持ち」と「二足歩行の安全性」という2つの問題が存在していた
- いつでも一緒にいてくれることに意味がある
- 二足歩行より、長時間のコミュニケーションを優先した

捨てることは、とても難しいです。今まで投資した資金や時間を考えてズルズルと続けてしまう「サンクコスト（埋没費用）」の問題や、もしかしたら別の打ち手もいいのではないかという思いなどが絡まって、あれもこれもとなりがちです。

こうした心理的な問題で正しい判断をゆがめることをいかに防ぐかは、私たちビジネスパーソンの永遠の課題です。私も会社を経営してますが、「あれもやりたい、これもやりたい」と風呂敷を広げてしまうと、いくらリソースがあっても足りないことを痛感しています。

重ねる技術 「あれもこれも」から、「あれかこれか」

リーダーの役割は、「何をやるのか、何をやらないのか」を決めることです。そのためには、何の問題を解決するために事業を行っているのかを明らかにし、フォーカスすることが重要です。

たとえば、サウスウエスト航空は低価格での運航というゴールのために不必要なことをすべて捨てました。他の航空会社が路線を拡大するなか、サウスウエスト航空は、２都市間のみをつなぐ「ポイント・トゥ・ポイント」路線に焦点を絞りました。さらに座席指定もなくし、機内食もなくしたのです。

一方、サウスウエスト航空の成功に見習ったコンチネンタル航空も同様のサービスを始めましたが、通常路線も並行して運航していたのでコストカットがうまくできず、自ら厳しい価格競争に巻き込まれてしまいました。

決めるということは、何かを捨てるということです。「あれもこれも」では、力が分散されてしまいます。「あれかこれか」を決めて、力を集中させましょう。

企業の強み・思い　普通の人が普通にロボットと暮らす世界にしたい

ソフトバンクは、Pepperの「バッテリーの持ち」と「二足歩行の安全性」という2つの問題に直面していました。二足歩行を優先すると、バッテリーが1時間程度しか持たなくなってしまいます。デモンストレーション用のロボットであればいいですが、1時間ごとに充電するロボットは家庭用としては現実的ではありません。

また修理にも時間と費用がかさんでしまうので、一般の人が購入しづらくなってしまいます。目指すべき方向性である、普通の人が普通にロボットと暮らす世界とは離れていってしまいます。そこで、ソフトバンクはあの決断をしたのです。

生活者の本音　話し相手が欲しい、自分の存在を確かめたい

私たちはロボットにもペットにも、機能性だけを求めているわけではありません。ソニーが発売したAIBOにいたっては、世話をしたり、かまってあげたりする必要がありました。利便性だけで評価したら、ロボットなんかよりよっぽどスマホのほうが便利です。だけど、人はなぜコミュニケーションロボットに憧れ、世話のかかるペットを飼うのか。それは、「子どもが巣立った家で、ちょっと話し相手が欲しいなあと思う寂しさ」や「自分を必要としていてくれる存在がいることで、自分自身の存在を確かめたい」という気持ちがあるからです。

重なりの発見　二足歩行より長時間のコミュニケーションができるように

初めてPepperを見たとき、「なんだ、二足歩行じゃないのか」とちょっと残念に思ったことを覚えています。他の多くの人型ロボットと違い、Pepperが「人型」なのは上半身のデザインだけです。

二足歩行といえば、ロボット開発における技術の見せどころであり、多くの企業がいかに人間らしい、スムーズな歩行ができるかを追求してきました。

しかし、Pepperは、「人によりそうロボット」として、家庭で使えるコミュニケーションロボットを目指していました。ゴールがクリアだったため、歩けることよりも、バッテリーの持ちを優先し、人型ロボットの常識であった「二足歩行」をあきらめるという決断ができたのです。

目指したのは、ロボットとしての完全性ではなく、生活によって性格も変わる生物らしさだったのです。

ソフトバンクの孫正義社長は、「よく可愛がり、褒めたりする家庭のペッパーは明るく育つ。あまり話しかけず、放っておく家庭では寂しがり、憂鬱な性格のペッパーになる」と語っています。

Q-21

ヤマト運輸が、宅配ロスを減らすためにとった ある行動とは？

お客様に荷物を届ける

Amazon、ZOZOTOWNをはじめ、ECサイトでの買い物機会は増え、それに伴って宅配便の使用頻度が増しています。

しかしながら、この事業に対応するための人員確保は並大抵のことではありません。配達の効率化は目下の課題ですが、共働き夫婦が増えるなか、一番のロスは不在時の宅配です。

そこでヤマト運輸は、不在時の配達時間ロスを減らすある施策を打ち出しました。いったいどんな施策でしょうか。

ヒント　自宅に届けるのではなく、個人に届けるためには？

A-21

会社帰りに最寄りのコンビニで荷物を受け取れるようにした

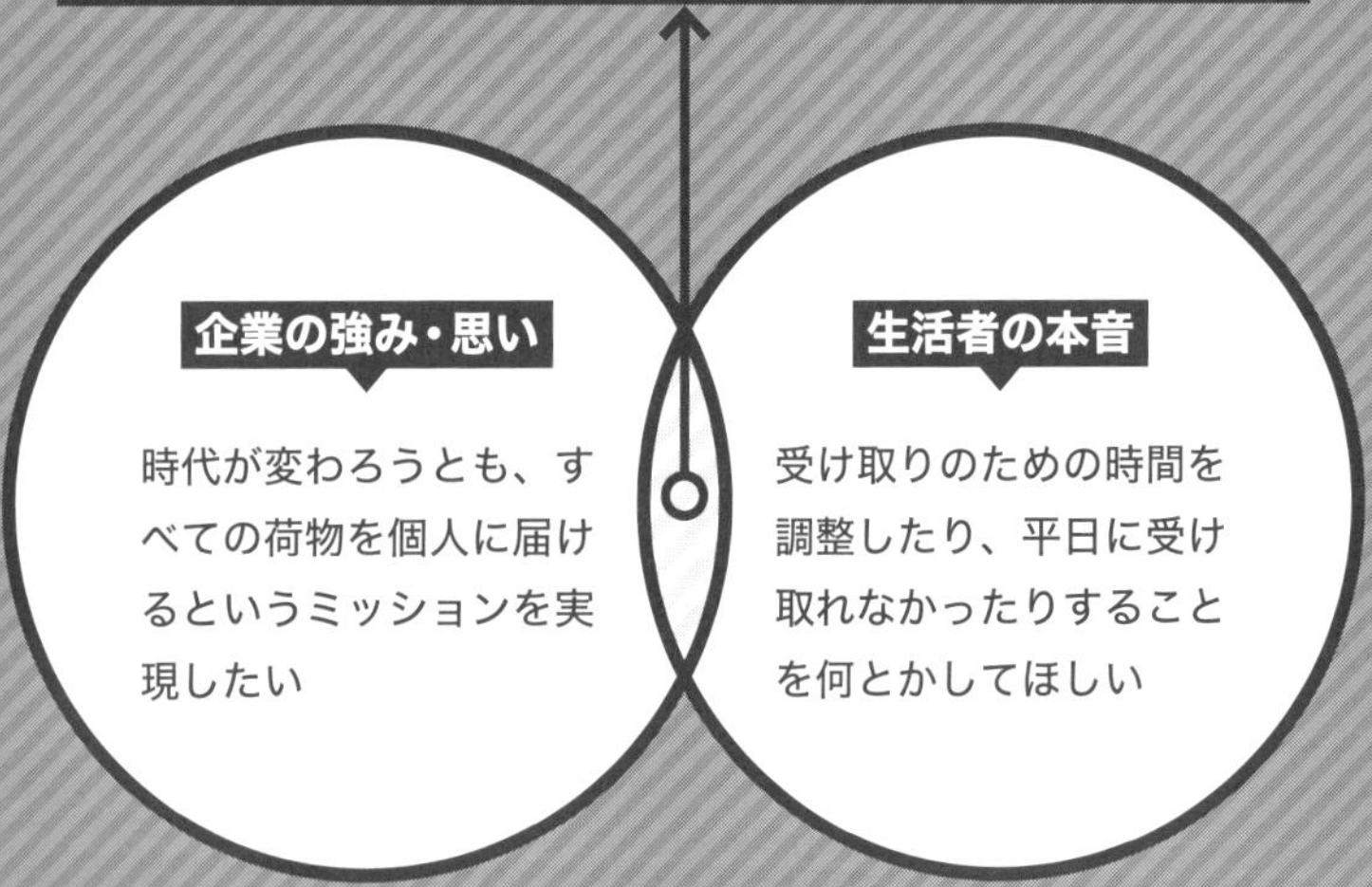

企業の強み・思い

時代が変わろうとも、すべての荷物を個人に届けるというミッションを実現したい

生活者の本音

受け取りのための時間を調整したり、平日に受け取れなかったりすることを何とかしてほしい

問題解決のポイント

- 企業目線でサービスを考えていると、顧客目線から生まれたサービスに取って代わられるリスクがある
- 物量が増えていくなか、再配達にかかる時間とコストは無視できない課題
- いつでもどこでも簡単に注文ができる時代になっても、家での受け取りはそうはいかない
- 個人に届けるというゴールから考えれば、自宅に届けなくてもいいと気づいた

重ねる技術

顧客の目線で旅をしよう

多くのサービスは企業の論理で設計されていますが、生活者は生活者の都合で日々活動しているので、そこに不便やミスマッチが生まれるわけです。

「どうして満員電車で毎日通勤しないといけないんだろう」

「どうして毎日オフィスで拘束されて働き続けないといけないんだろう」

「どうしてレンタルビデオ店まで借りに行かないといけないんだろう」

私たちは日々満たされないニーズを感じていても、我慢強くサービス提供者側に合わせてしまいがちです。また、生活者の本音は多くの場合言葉にもなりませんし、目に見えるわけでもありません。

結果として、提供するサービスと顧客のあいだにズレが生まれます。物言わぬ顧客を相手にサービスを提供していると、しだいに企業の論理でしか考えられないようになってしまいます。

そして、企業の論理で、コールセンターから工場まで設計してしまうと、いざ顧客の目線から問題を解決する企業が現れたときに、一気に顧客を奪われるという最悪の事態が起こるのです。

そうならないためにも、自社のサービスを企業の目から見るのではなく「顧客の目」から覗き込んでみる必要があります。

企業の強み・思い　顧客に早く快適に荷物を届けたい

ヤマト運輸が個人向けの宅配を始めたのは１９７６年。その当時は専業主婦も多く、二世帯で住んでいる家庭が中心でした。しかし、核家族化が進み、単身者が増えるなかで、自宅に届けることが解決策ではなくなり、ズレが生じてしまいました。

特に荷物を受け取ることができずに、再配達の日時を電話で指定するという問題は顧客体験を損なうものとなっていきました。

さらにＥＣの台頭によって配達量は激増し、不在時の受け渡し問題は顧客にとってだけではなく、宅配業者にとっても解決が急がれている問題となっています。

そこで、ヤマト運輸は、再配達の日時指定をウェブでできるようにするなど、再配達のやり取りをどう簡便化するかというアプローチだけではなく、顧客の目からサービスをリデザインしはじめています。

生活者の本音 平日に荷物を受け取れない

単身者や共働き夫婦にとって大変なのが荷物の受け取りです。正直、再配達の電話は面倒くさいですよね。せっかく翌日に届いた荷物が受け取れず、週末に再調整するなんてことも。

もちろん、宅配ボックスがある場合はいいのですが、多くの一人暮らし用のマンションやアパートにはないことが多いのです。

重なりの発見 帰り道にコンビニで受け取れるようにした

顧客体験を見直していった結果、40年間当たり前に行っていた自宅に届けるという概念自体を壊すことができたのです。

不在が多い単身者の行動・導線のなかで、「いちばん受け取りやすい場所はどこか」と広い視野で見たときに、自宅に届けることをゴールにするのではなく、受け取りやすい場所に荷物を運べばいいという結論に至りました。

「すべての荷物を個人に届ける仕組み」という目的から考えると、必ずしも自宅に届ける必要はないわけです。

そこでヤマト運輸は、「単身者や共働き夫婦とどこで接点をつくれば、ズレなく渡すことができるか」を捉え直しました。

そこから生まれたのが、「コンビニ受け取りサービス」です。帰り道に夕食を買ったり、ビールを買ったりするためにコンビニに寄るという人も多いので、そこで頼んでおいた荷物を受け取ることができれば一石二鳥というわけです。

「時代によって変わる生活スタイルに対応しながら、すべての荷物を個人に届けたい」という企業の思いと、「荷物も受け取れず週末に再調整なんて面倒なことをしたくない」という生活者の本音を重ねた結果、コンビニ受け取りサービスが誕生しました。

モノを売ろうとしない

ジャパネットたかたは、どのように家電量販店をしのぎ、シニア層を獲得できたのか？

テレビショッピング大手のジャパネットたかた。1990年に通販事業に参入すると、安売りが続くECサイト、家電量販店があるなか、わずか20年あまりで、年間売上高1500億円を超える優良企業となっています。

実は、ジャパネットたかたの売上の大半が高齢者によるものなのですが、メーカーにも家電量販店にもできないあることを行い、シニアの抱えるとある課題を解決することで、心をつかんできました。それはいったい何でしょうか。

ヒント　あの独特の声が聞こえやすかった、などではありません

A-22

機能ではなく、高齢者の日常にいかに役立つかを伝えた

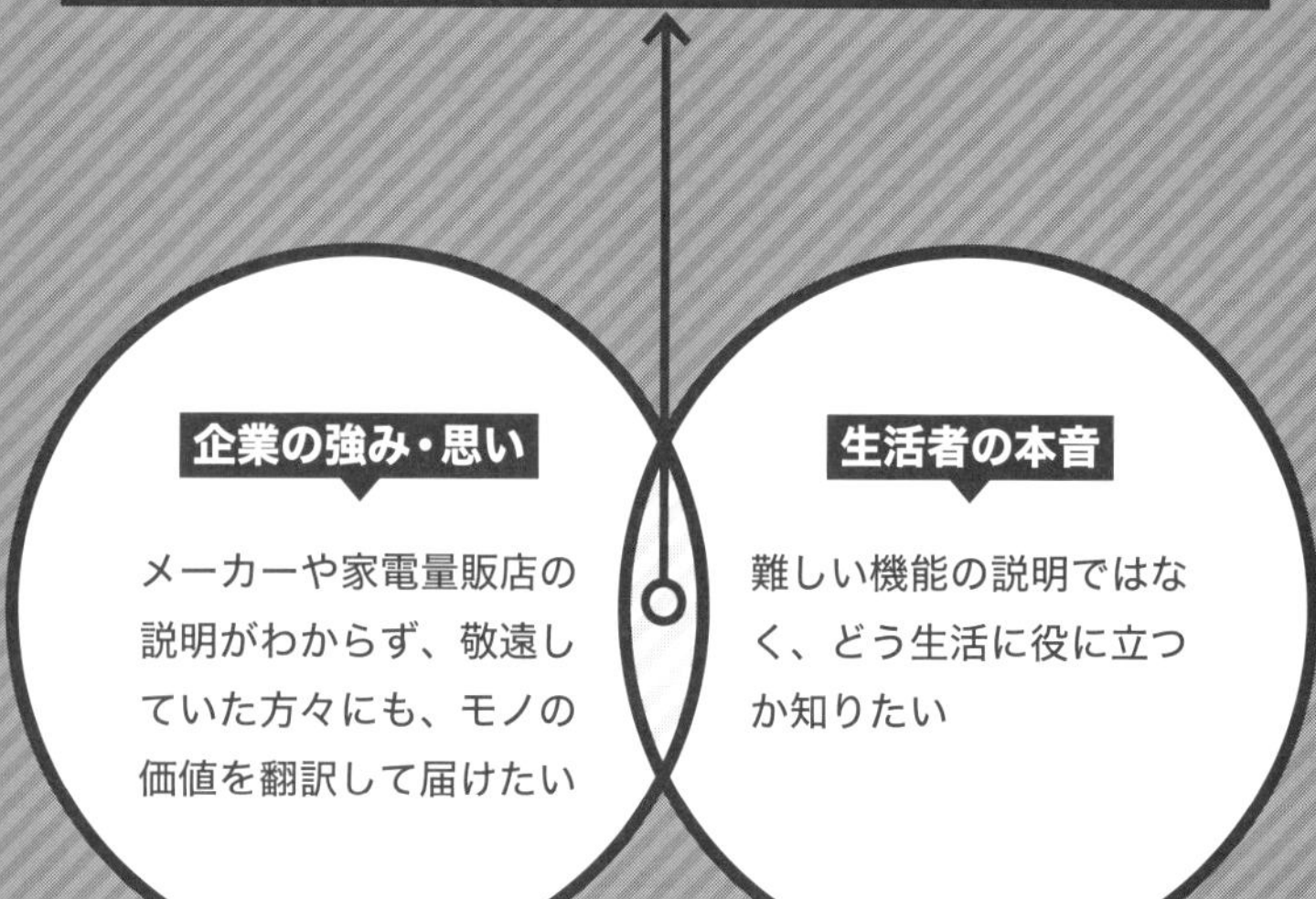

企業の強み・思い

メーカーや家電量販店の説明がわからず、敬遠していた方々にも、モノの価値を翻訳して届けたい

生活者の本音

難しい機能の説明ではなく、どう生活に役に立つか知りたい

問題解決のポイント

- モノがモノを超える価値をどう掘り起こすか
- 家電量販店やECサイトができないことをする
- 高齢者にとっては、商品機能より自分の生活にどう役立つかのほうが大切
- 機械そのものではなく、機械を使う機会に焦点を当ててみる

重ねる技術

知られざる価値を掘り起こす

どの企業も、Appleのように世界中どこでも誰でも使えるプロダクトを生み出す必要があるとは思いませんが、多くの家電メーカーの商品はリモコン一つとってみても高齢者に優しいつくりではありません。

また、家電量販店に行っても、どのような違いがあるのかわからない商品が価格と機能を訴えかけてきます。

しかし、生活者が知りたいことはシンプルに、「その商品が自分の生活に、どう役立つのか」ということです。

家に帰れば、ほとんどのモノはあるわけですから、そう簡単には買ってもらえません。そこで重要なのは、「生活者側から見たときに感動してもらえることは何か」を掘り起こすことです。

創業者の高田明前社長は言います。「長年支持されてきた商品を見れば、モノがモノではなくなります。リンゴ園に行っても単にリンゴが甘くておいしいというだけでなくて、冬の寒い時から仕込んで、家族みんなで手塩にかけて育てていることを知ると見方が変わります。1本で600個のリンゴがなる木が何百本とある。リンゴをたわますために一個一個、手で回したり、日光が均等に当たるようにこまめに葉取りをしたり。リンゴ農家の苦労にはすごいものがあって」

モノ余りの時代に商品を買っていただくためには、モノがモノを超える価値をどう掘り起こすかがカギとなります。

企業の強み・思い 家電に疎い人にも、商品の価値を届けたい

ジャパネットたかたは、今でこそ誰もが知っている存在ですが、通販業界には後発で参入した、長崎県は佐世保にある通販素人集団でした。資本力もないなか、家電量販店、ECサイトとの価格競争に巻き込まれたらひとたまりもありません。

高田前社長は、もちろんそんな戦いはせず、メーカーと流通の販売方法から取り残されてしまっているあるセグメントを発見したのです。

それがシニア層です。メーカーはどんどん高性能な商品をつくり、家電量販店は価格と機能を訴えかけますが、家電に疎い人にとっては何のことかさっぱりわかりません。そんな取り残されたシニア層に勝機を見出したのです。

生活者の本音

自分の生活にどう役立つかわかりやすく説明してほしい

IoT、デジタル家電と技術はどんどん進化していきますが、カタカナが増え、メカ音痴には辛い時代がやってきています。家電量販店に行ってみると、使わない機能がついた商品を営業されて困っているご年配の方の姿をよく見かけます。

だからといって、自分で調べてECサイトで買うほどインターネットに強くないし、比較しようにも機能の違いがわからないなんてことも。自分の生活にとって役に立つ商品が何かをわかりやすく説明してくれる人を求めていたのです。

重なりの発見

「機械」ではなく、「機会」に焦点を当てる

家電量販店がボイスレコーダーを売るのであれば、「これまで30時間しか録音できなかったのが、50時間録音できるようになりました」と機能を伝えますが、高田前社長は「機械」ではなく、その機械を使う「機会」に焦点を当てました。

高田前社長はこう語りかけます。「私もそうですが、60歳を過ぎると物忘れしますね。布団に入っているときに何か思い出しても、電気をつけてメモするのは大変だから、枕元にこのボイスレコーダーを置いてください。ポンと押して録音したらいいですよ。あと、病

院に行って先生の説明を覚えられない。それなら先生に録音させてもらえばいいんです」と。

あまりにも情報がありすぎて、どれを選んだらいいかわからなくなっていた高齢者とメーカーのあいだに入り、その商品がどう役に立つのか翻訳したことで、ECサイトにも家電量販店にも真似できないポジションを築くことができたのです。

オフィスの常識は非常識

オフィスの習慣を覆した オカムラの新商品は何を変えたのか？

オフィスワークによる腰痛、肩こり、慢性疲労が企業の生産性を落としていることが問題となっています。労働人口が減っているにもかかわらず、病気による休職者は年々増えている状況です。

この健康問題に立ち向かうため、オフィス家具メーカーの岡村製作所（以下、オカムラ）はオフィスでは当たり前の習慣を変える製品を開発し、大手企業でも採用され始めています。

この製品がオフィスに導入されてから腰痛や肩こりが減ったという効果が生まれています。さて、この製品はいったいどんなオフィス習慣を変えたのでしょうか？

ヒント コンビニやアパレルショップでは当たり前の光景です

A-23

立っても仕事ができる、新しい習慣をつくった

企業の強み・思い

働く人1人ひとりにとって、心地よく仕事ができるオフィス空間を提供したい

生活者の本音

周りの同僚もがんばっているし、肩がこっても腰が痛んでも、自分だけ弱音を吐くわけにはいかない

問題解決のポイント

- 当たり前は時代が変われば非常識にもなる
- 何の問題を解決したら、自社は価値を出せるのかを突き詰める
- 座りっぱなしのワークスタイルそのものを変える
- 入れ替えの少ないオフィス用品市場だからこそ、まったく新しい発想が求められる

重ねる技術　当たり前の先の「新しい当たり前」をつくる

業界の常識、会社の常識、自分の常識。常識とは自分の考えをまっとうにさせ、変な行動をとらずに済む脳のつくった偉大な発明です。

しかし、この常識が、新しいことを生み出すときにはいちばん厄介になります。過去の失敗、他社事例を引き合いに出し、うまくいかない理由をつくります。結局、元の思考の枠に収めてしまうので、枠を超えることができなくなってしまうのです。

特に日本の教育は、問いは始めから用意されており、一つの答えを出す設計となっています。しかし、ビジネスに決められた問いなんてありません。常識を破壊する問いをつくり、まったく別の解を生み出す必要があるのです。

オカムラのように、「そもそも仕事をするのに座っている必要があるのか?」と疑問を持ち、「働く人の健康のために、オフィス家具メーカーは何ができるのか」という新しい問いをつくる必要があるのです。今あるものをどう売るかではなく、何の問題を解決したら、自社は価値を出せるのか、その問いの大きさが常識という枠を超えるカギとなります。

企業の強み・思い

それぞれの会社にあった働きやすい環境をつくりたい

労働人口が増えてオフィス移転も増加し、その都度オフィス用品の買い替え需要が見込めた時代とは異なり、労働人口は減る一方で、一度導入したらなかなか入れ替えのないオフィス用品ビジネス。今必要なのは、製品を売ることではなく、ワークスタイルを変えるソリューションを提供するビジネスです。

オカムラは製品販売だけではなく、導入企業のカルチャーとその企業が目指す働き方を丁寧にヒアリングし、ワークスタイルに合わせたオフィス設計から製品の導入を行っています。そのなかで、日本のオフィスの典型である「座りっぱなし」「同じ姿勢をとり続けざるを得ない」という問題に向き合ったのです。

生活者の本音

オフィスで他のメンバーと違った行動ってとりづらい

会社では誰がどんな仕事をしているかってなかなかわかりませんよね。目を瞑っている部長が寝ているのか、構想を練っているのかは判断しづらいものです。

みんな律儀にデスクに座って、なんとなくパソコンを見ていれば、とりあえず仕事をしているように見えますし、しょっちゅう席を立つようだとサボっているように思われてしまいます（実際、サボっている人もいると思いますが……）。

しかしながら、座りっぱなしは「集中力」という面からもよくないですし、健康的ではありません。腰を痛める人や、パソコンを見るたびに姿勢が前かがみになり首を痛めてしまう人も後を絶ちません。デスクワークは慢性的な肩こりの原因です。だけど、周りの同僚が長時間座って仕事をしているなかで、自分だけしないわけにはいきません。そんな真面目な日本人の気質と相まって、肩こりや腰痛を患う人が多いのです。

重なりの発見 もっと自由なワークスタイルで働きたい

「座りすぎが健康リスクを招く要因になることは、いまや世界の常識です。実際、北欧では大部分の企業が、米西海岸のＩＴ企業の多くも、昇降式のデスクを使っています。ワークスタイルは、それぞれの人に合ったものでいいんです」と、岡村製作所ソリューション戦略部部長の大野嘉人氏は語っています。

オカムラは誰もが思っていたけど言いづらかった、ずっと座って仕事をすることがいいという常識自体を疑ったのです。

会社が社員に対して求めていることは、集中して仕事に打ち込んでもらい成果を出してもらうことです。座っていることではないですよね。座っていることが仕事をしていることだという固定観念を疑い、新しい常識をつくることで解決したのです。

実際に、パソコン作業中に立ったり座ったりを定期的に繰り返した実験参加者は、最も疲労を感じなかったという結果が得られています。ポジションを定期的に変えることで、筋肉への負荷が分散されて、疲れにくくなるのです。

そこで生まれたのが昇降型デスク「Swift」。私自身もSwiftを愛用していますが、正直いって最初の1週間は足が痛くなってきつかったです。ですが、もう1週間もすると次第に慣れてきて、立っていると自然に姿勢がよくなるので肩こりも減り、集中力も高まったように思えます。

オフィス用品は一度揃えてしまうとなかなか買い替え需要が起こりません。しかしながら、昇降型デスクは、まったく新しい需要をつくりだしたことで、楽天をはじめ大手企業が採用し始めています。

SmartNewsは、なぜ日本でいちばん使われるニュースアプリになったのか?

SmartNewsは、ニュースキュレーションアプリにおいて日本でいちばん使われるサービスになりました。SmartNewsが最初に開発したある機能が、爆発的に広がるきっかけをつくったのです。

それはスマートニュース代表が電車で目撃したシーンがきっかけとなったのですが、いったいどのようなことを解決したのでしょうか。

些細な問題は大きな問題

ヒント スマホを使っていてイラッとすることって、どんなとき?

A-24

地下鉄のなかでも電波がなくても ニュースを読めるようにした

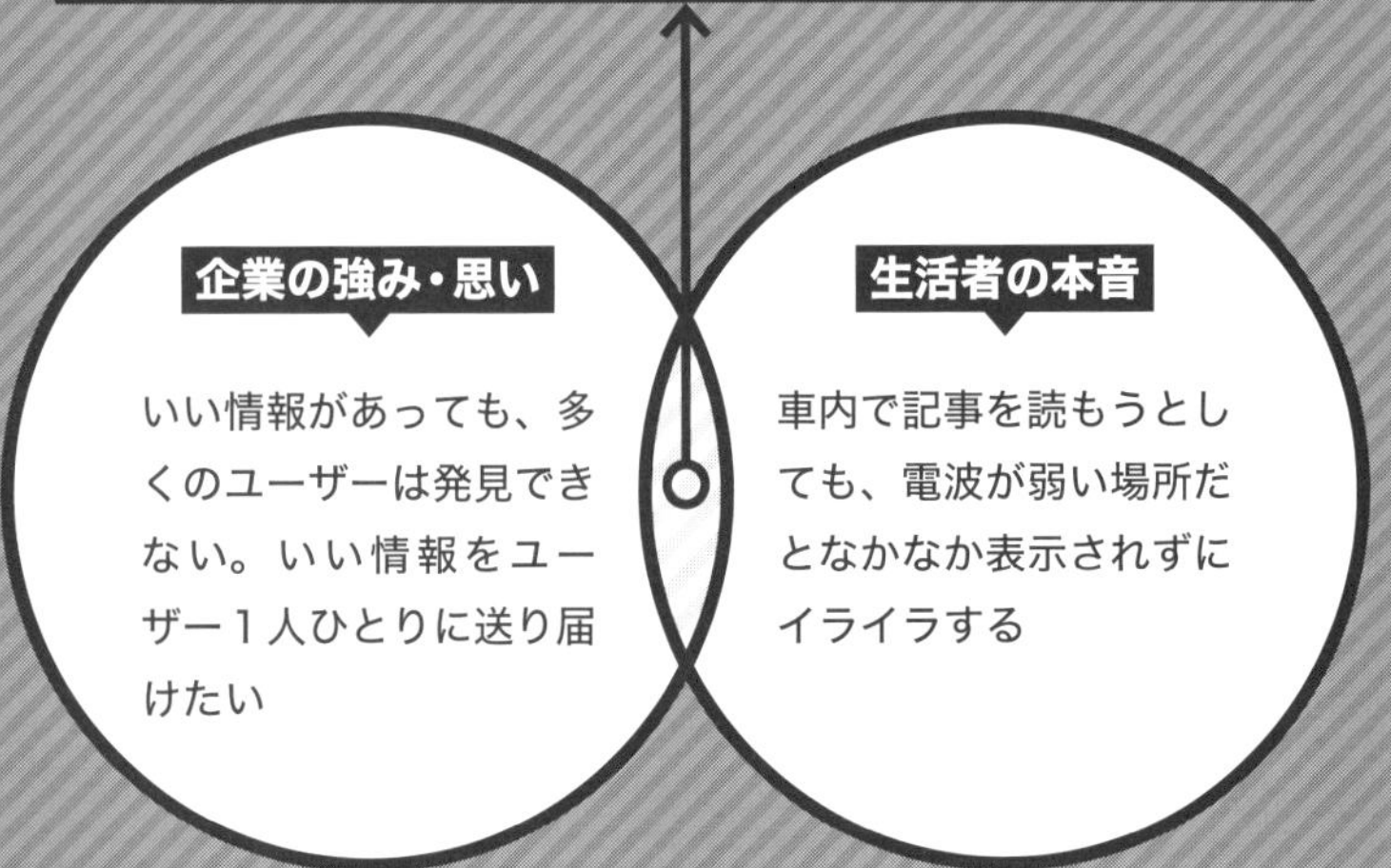

企業の強み・思い

いい情報があっても、多くのユーザーは発見できない。いい情報をユーザー１人ひとりに送り届けたい

生活者の本音

車内で記事を読もうとしても、電波が弱い場所だとなかなか表示されずにイライラする

問題解決のポイント

- 問題のツボを押さえれば、やるべきことが明らかになる
- ニュースは溢れ、いろんなメディアに点在して情報収集しづらかった
- 電波が入りづらくて、誰もニュースを読んでいないことに気づいた
- 電波がなくてもニュースを読めるというシンプルだが、どこもやっていない解決策を提案した

重ねる技術

原因を特定して、ツボを突く

うまい整体師とそうではない整体師の違いは、ゆがみがどこから来ているのか原因を特定する能力です。

私の通っている整体院の整体師は、行くやいなや、体を触らずに「骨盤がズレちゃっているので、右肩に痛みありますよね?」と言ってきます。

体と同様に、問題解決もツボを押さえることが大切です。

ではそのツボはいったいどこにあるのか、それが問題です。ツボを押さえないまま闇雲に問題を解こうとしても、一向にゴールにはたどり着かないでしょう。

一方、ツボを押さえると、因果関係が明らかになるので、解決策がシンプルにフォーカスされます。

たとえば、オーストラリア産のワインであるイエローテイルは、後発ながらアメリカ市場においてワインのツボを発見したことで受け入れられました。

そのツボとは、ワインを購入するときの複雑すぎて「選びづらい」というインサイトです。

多くのアメリカ人にとって、複雑な味わいや重厚感のあるラベルは、選ぶときの障害にすぎませんでした。

このズレに気づき、購入の意思決定を妨げるすべての要素を取り除いたのが、イエローテイルです。まず品種はシラーとシャルドネだけ。味わいも「熟成したカシスのような」という表現は使わず「スッキリ辛口！」「ちょっと甘口！」と、誰でも理解できる平易な言葉にしたのです。

結果、わずか数年で長年市場を占拠してきたイタリア産、フランス産のワインを押しのけて最も輸入量が多いブランドとなりました。そして、その後約10年で日本を含む50か国以上で販売されるようになり、世界5強のワインブランドになったのです。

企業の強み・思い　情報が爆発してしまった世界で、いい情報をちゃんと送り届けたい

スマートニュース代表取締役の鈴木健氏たちは、同社を創業する前から変わらぬ思いを持ち、いろいろなサービスをつくりながら試行錯誤していました。

その思いとは、「世界中の良質な情報を必要な人に送り届ける」というものです。

山のようにある情報のなか、価値のある情報にちゃんと出合うことができる仕組みをつくりたいという思いが、スマートニュースを進化させているのです。

生活者の本音　電車のなかで記事を読もうとすると遅くて読みづらい……

電車のなかを見渡すと、数年前はソーシャルゲームをやっている人が大半でした。特に地下鉄では電波が弱いことが多いので、記事を読むのにイライラがありました。「次のページがなかなか表示されない」「途切れてしまう」など、日常茶飯事でした。

「圏外で読めないじゃないか！」というイライラが、ニュースコンテンツとユーザーの溝になっていたのです。私も数年前を思い出すと、今よりも電波環境が悪く、地下鉄に至ってはスマホが圏外になってしまうことがよくありました。

重なりの発見　圏外でも読めるスマートモード

SmartNewsには、記事をタップした後に出てくる「スマートモード」という機能があります。電波が届かなくても記事が読めるのです。「なんだ、たいしたことないじゃん」と思われた読者がいるかもしれませんが、実はアプリ時代においてはちょっとした不快さが命取りになるのです。

ですので、クックパッドをはじめとしたウェブサービス会社はコンマ1秒の世界で表示速度を高める改善を繰り返しています。

「圏外やロード時間が遅いという環境であっても、速く読むことが出来るところが、スマートニュースの1つの経絡秘孔だったと思います。

僕はこれに気づいたのは、地下鉄に乗っているときに、なんでみんなスマホでニュースを読まないんだと、怒りにも近いものを感じたんですよね。全然みんな読んでくれない、と。どうしてかと思って隣の人を見たら、スマホでゲームをやっている訳です。

別にこれゲーム会社さんをディスっている訳じゃなくて、みんなの様子を見ると、やっぱりゲームをやっている訳ですよ。僕のスマホを見ても、やっぱり僕もゲームやっていたんですね（笑）」と、鈴木氏は話しています。

20代の方には若干ディープなネタかもしれませんが、「北斗の拳」で、ケンシロウが経絡秘孔というツボを「アタタタタッ！」と突くと敵が死ぬのです。まさしくこのツボをしっかりと発見して、ピンポイントで突くことが重要です。

SmartNewsは、スマートフォン向けのニュースアプリで1800万ダウンロード（2016年6月）を超えて、さらに成長しています。Facebookも「instant articles（インスタント記事）」という記事の読み込み時間を短縮する機能を出すなど、日本で生まれたこのスマートモードは、世界的に広がりつつあります。

第5章

「オリジナリティ」を考える力が身につく

「オリジナリティ」とは何でしょうか？　世の中に存在しない、まったく新しいものでしょうか？　答えは違います。1台3万円の扇風機が売れるのも、アメリカ人が嫌いな明太子が突然人気メニューになったのも、すでに世の中に存在している事象を巧みに利用したにすぎません。ここでは、オリジナリティの生み出し方を考えていきましょう。

嫌いなものを好きなものに変える

ニューヨーカーが嫌いな明太子を、どのようにして人気メニューとしたのか？

２０１３年にユネスコの無形文化遺産にも登録され、世界でもブームとなっている「和食」。味はもちろん、その健康機能への注目が集まり、話題を呼んでいます。

各国に展開する日本食レストランもさまざまな工夫を凝らし、日本の食文化を現地に伝えていますが、生魚など日本特有の食べ方に馴染みのない国も多く、理解してもらうことに苦労するレストランも多いようです。

そんななか、アメリカで、「気持ちが悪い」と敬遠されていた明太子を人気メニューへと変身させたオーナーがいます。さて、いったいどのように解決したのでしょうか。

ヒント　見た目が嫌いなのか？　味が嫌いなのか？

A-25

アメリカ人にとって馴染みのあるキャビアのように、名称を明太子ではなく「HAKATA Spicy caviar」と呼んだ

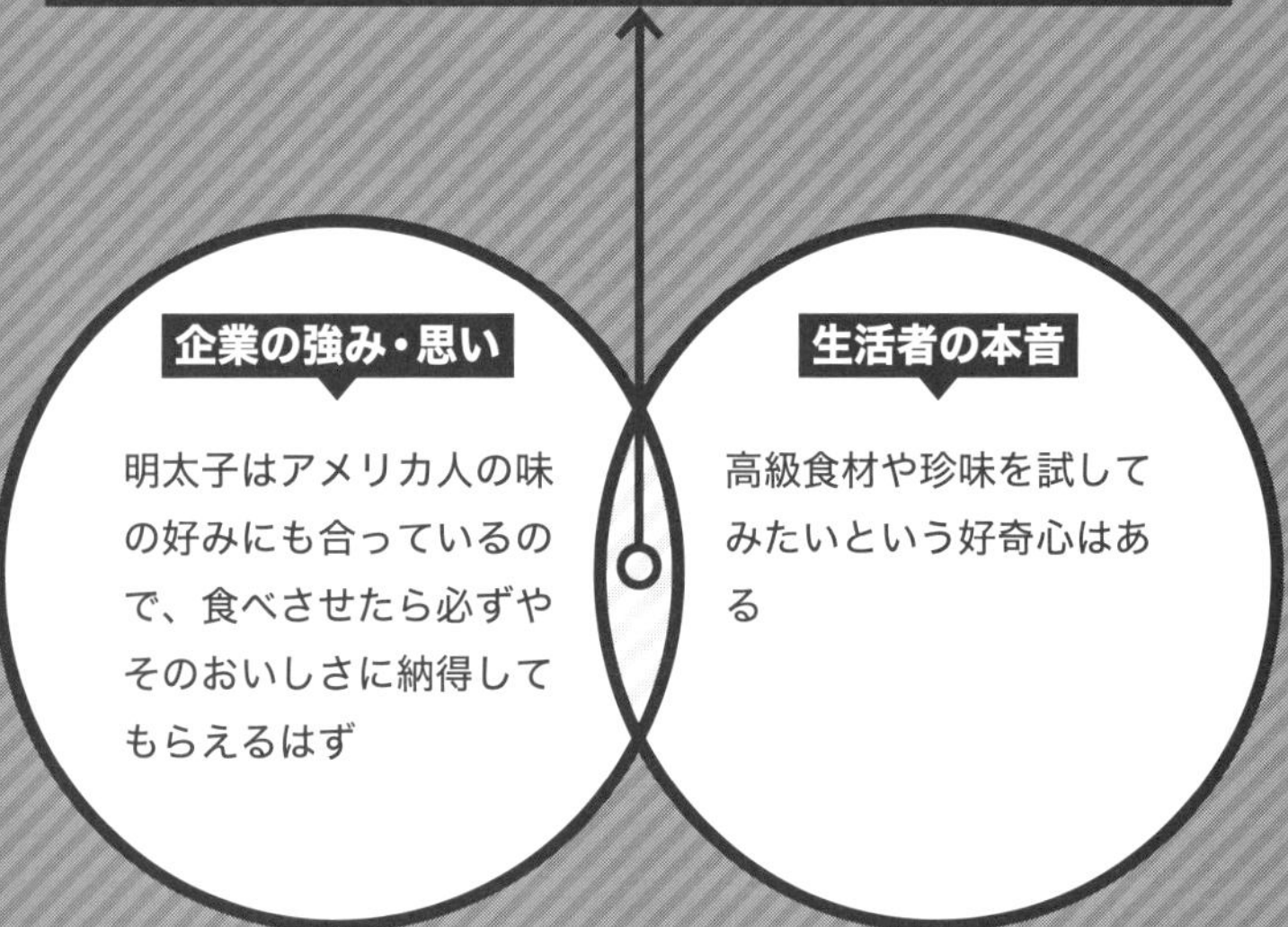

企業の強み・思い

明太子はアメリカ人の味の好みにも合っているので、食べさせたら必ずやそのおいしさに納得してもらえるはず

生活者の本音

高級食材や珍味を試してみたいという好奇心はある

問題解決のポイント

- こだわりを持ちすぎずに、相手の文化を尊重する
- 食わず嫌いなのだとしたら、メニューを選ぶときが分かれ道である
- 味ではなく、そのイメージが嫌いなのだとしたら、そのイメージを取り払えばいい
- 相手の認知の仕方を理解して、利用する

「嫌い」と言っている人に、無理にこちらの論理を押し付けたところで、うまくいきません。そうではなく、相手の視点から見たときに、どのような偏見や考えがあるかを理解すれば、シンプルに解ける問題が多くあります。

重ねる技術　合気道のように解決する

「自分は正しい」「日本ではうまくいっていた」という自分の論理が強すぎると、日本のヒット商品でも海外では売れないということにもなりかねません。展開したい地域の人たちが持つ特有の捉え方、感じ方を肌身で知る必要があります。そして、まるで合気道のように相手の力を利用し、うまく合わせていくくらいがちょうどいいのです。こだわりを捨てて、相手の力を利用するほうが、新しい展開は生まれやすくなります。

そもそも新しいアイデアは組み合わせの結果にすぎません。イノベーションの父といわれるヨーゼフ・シュンペーターも、「他のものを創造すること、あるいは同じものを異なる方法で創造することは、これらの構成素材・影響要素を異なるやり方で組み合わせることである。いわゆる開発とは、新しい組み合わせを試みることにほかならない」と語っています。

この新しい組み合わせをつくるためには、相手と自分をどう組み合わせるかが重要なので、自分の考えばかりに固執せずいかに柔軟であるかがポイントとなります。

企業の強み・思い おいしいのに、ただの食わず嫌いなら、「嫌い」と思わせなければいい

ニューヨークのマンハッタンにある博多料理店「HAKATA TONTON」は、NYミシュランを5年連続で受賞している人気店です。

長年、アメリカでレストランを営んできた経験から、「食わず嫌い」が起きるのは、テーブルに並ぶ瞬間ではなく、メニューを選ぶときだとわかっていました。つまり、その料理を見る前に、言葉が持つイメージで人は選択するということです。

オーナーであるヒミ＊オカジマ氏は、豚肉を食べないユダヤ系住民も多いニューヨークで豚足を人気メニューにした人物です。「TONSOKU」という聞きなれないメニューを見てお客様は、「『TONSOKU』って何ですか?」と聞いてきます。そこで彼は、「『TONSOKU』はフランス人がこよなく愛している料理『Pied de cochon』だ」と。「『Pied de cochon』とは何ですか?」と聞かれたときには、「『Pied de cochon』は豚足だけど、フランス人が愛しているんだ」と伝えると、「フランス人が食べているなら食べてみよう」といって人気が出たそうです。

お客様がメニューを選ぶときに、「嫌だ」「気持ち悪い」と思わなかったら、そのまま食べてしまうはずです。明太子はアメリカ人の味の好みにも合っているので、食べさせたら必ずやそのおいしさに納得してもらえることを確信していました。

生活者の本音

生の魚の卵は気持ち悪いが、興味や好奇心はある

アメリカではヘルシーフードとして日本食が大人気です。豆腐などアメリカ人でも食しやすいものから、以前は食わず嫌いが多かったSushiまで、食通たちのあいだで市民権を得て定着しています。しかし、生で食べることに馴染みのない文化圏のアメリカ人にとって、「生の魚の卵」と、直接伝えてしまうと気持ちが悪いと思われてしまいます。

重なりの発見

相手の文化を知り、キャビアのイメージと重ねた

どうしたら、この文化の違いを乗り越えられるか？　「HAKATA TONTON」は、「生の魚の卵」であることを「伝えずに伝える」ことにしたのです。

アメリカ人にとって馴染みがあり、好きな食材と重ねてしまえば食べたいと思うはず、と考えました。そして「TONSOKU」でも使ったあのマジックワード「フランス人も大好

き」を活用したのです。

ヒミ＊オカジマ氏は、アメリカ人は自国の食文化が浅いため、フランス料理をリスペクトする傾向があることに気づいていました。そこで、明太子を「生の魚の卵」と言わずに、「フランス人も大好きなキャビアの一種だ」と言い張って出すことにしたのです。

名前も明太子ではなく「HAKATA Spicy caviar」へ。すると、「Cod roe（タラの卵）」とメニューに書いていたときには、「気持ち悪い！」と敬遠されていたことが嘘のように、すぐにヒットメニューになったのです。

もしも日本人の感覚を押し付けていたら、明太子はニューヨークで市民権を得られなかったかもしれません。相手の「認知の仕方」をうまく利用して、重ねたのです。

日本のおいしい素材を食べてもらいたいという熱意と、フランス人が好きなら食べてみようと思ってしまうアメリカ人インサイトを重ねた結果、「シャンパンにも合うじゃないか！」と大好評の「HAKATA Spicy caviar」は生まれたのでした。

日本一人口の少ない鳥取県が、自県の可能性を再発見するために行ったこととは？

弱さは共感を生む

鳥取県は全国で人口がいちばん少ない県です。山も海もあり、素材もおいしいにもかかわらず、鳥取砂丘以外に全国的に知られる観光名所や特産品が少ないという課題がありました。そのうえ、鳥取の県民性として奥ゆかしい傾向があり、自分のいいところをPRするタイプではありません。

そうなると、「素材はいいのに、全国の生活者になかなか伝わらない」という課題に突き当たります。そこで鳥取県はあるプロジェクトを始め、県のよさを再発見することができました。いったいどんなことを始めたのでしょうか。

ヒント 自分の本来の良さって、なかなか自分ではわかりません

A-26

全国の生活者の視点から鳥取らしさを募集した

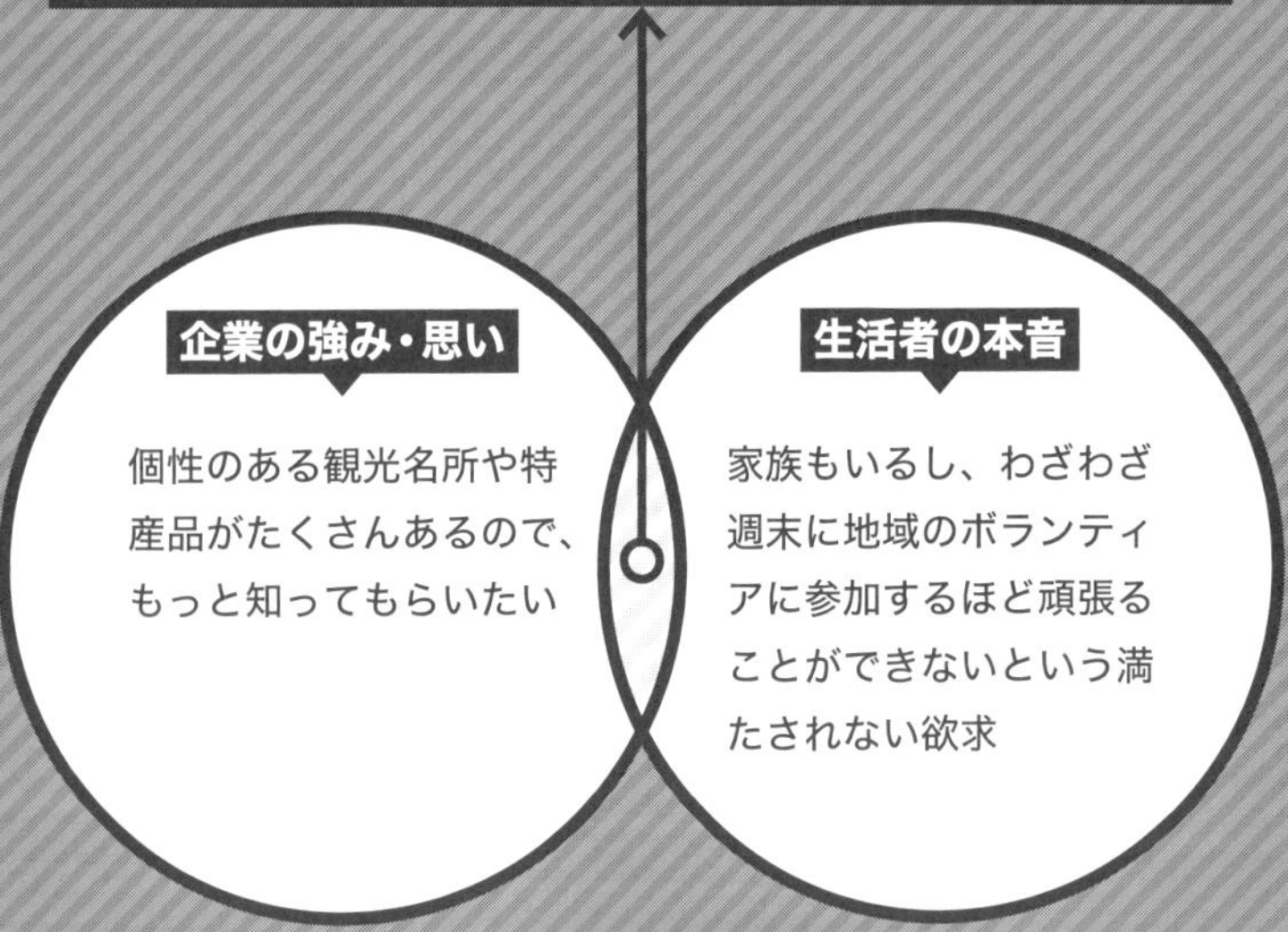

企業の強み・思い

個性のある観光名所や特産品がたくさんあるので、もっと知ってもらいたい

生活者の本音

家族もいるし、わざわざ週末に地域のボランティアに参加するほど頑張ることができないという満たされない欲求

問題解決のポイント

- 人はちょっと抜けた部分や弱さに魅力を感じるので、そもそも完璧を目指す必要はない
- 「ウチ」の視点ではなく、「ソト」の視点が必要である
- 地元とつながっていたいという思いが存在する
- 多くの人からフィードバックをもらえる環境をもつことが重要

重ねる技術

「弱さ」こそ「強さ」

自治体や企業には、「完璧であるべき」「かっこよくないと……」という幻想がはびこっています。自治体も企業も人間の集合体ですから、もっと人間らしくていいんです。ただ、長い間、一方的に広告を作り、マスマーケティングを行ってきた結果、生活者との関係をどうつくったらいいのかを忘れてしまっていることがあります。

「クレームを言われないように完璧にしないと……」と思ってしまうと、下手なことはできません。だから本音も言えないし、どこも同じようなことしか言わなくなるから個性がなくなってしまう。

普通に考えると、完璧な姿を見せようと力みすぎるのではなく、ちょっと抜けた部分や弱さを見せられる人のほうが魅力的ですよね。凸凹の部分に本性が現れるし、個性があります。

企業もいい部分だけを伝えるのではなく、弱さやデメリットを見せられるほうが信頼される時代になりつつあります。

企業の強み・思い

ソトの声に耳を傾ける度量と、実は豊かな観光資源

鳥取県は、日本海に面しているので海産物は新鮮でおいしいし、「大山」をはじめとした山があり、星空の美しさでも全国有数の場所なのです。

そうはいっても、県民にとっては当たり前のことですし、他県より優れているかどうかなんてわかりません。よく地域を変えるには、「よそ者、若者、ばか者」が必要だといいますが、「ウチ」の視点ではなく、「ソト」の視点が不可欠だったのです。

生活者の本音

地域・地元とつながっていたい

安倍政権のもと、地方創生が声高に叫ばれていますが、私たち一般人のレベルで何ができるのか、よくわかりません。「何かできることないかなあ」と考えても、週末に地域ボランティアに行くほど頑張ることはできないという人も多いのではないでしょうか。

ただ、ふるさと納税をはじめ、気軽に地域・地元とつながっていたいという気持ちは誰しもあります。「Uターンして地元で働くほどでもないけど、ちょっと自分ができることで喜んでもらえたらなあ」という思いを持つ人たちが増えてきていました。

重なりの発見

アイデア一つで鳥取県を変えられるプロジェクト

そこで私たちの運営するBlabo!と共同で、地元企業の商品開発に、全国の生活者が参加できる「とっとりとプロジェクト」を立ち上げました。

「困っていることを正直に伝える」鳥取県の姿と、「地域に何か貢献したいなあ」と思っていた人たちの気持ちが重なり、1年間で1500個を超えるアイデアが集まり、ヒット商品が生まれ始めています。

たとえば、鳥取県にある老舗の餅屋「いけがみ」は、お餅を正月だけではなく、通年で食べてもらいたいという思いを抱いていました。さまざまな料理に使ってもらえるように、薄さ4ミリのスライス餅を開発したものの、鍋に入れて食べる以外にどのような使い道を提示すれば消費者に魅力的に映るのかがわからず、打開策を求めていました。

そこで、全国の生活者に商品開発を手伝ってもらうことにしたのです。「スライスされた薄いお餅が、あなたの食卓にも並ぶ食品に！　どんな使い道や魅力を提案されたら欲しくなる?」

反響の大きさは予想以上で、「好きなアイスを包んでオリジナルの雪見だいふくを作る」「スープに入れて腹持ちをよくする」など、約240件ものアイデアが寄せられました。

このアイデアをもとに商品開発が進み、オイシックスをはじめとした全国展開する販路で売られ、可能性が広がっています。

また、三朝温泉もこのプロジェクトを通じて、新しい価値に気づくことができました。三朝温泉は、日本遺産に認定された温泉です。ただ、難点はアクセスがあまりよくないことと、電波が入りづらいという現代人にとってはデメリットがありました。しかし、生活者の声を聞いてみると電波が入りづらい場所に行きたいというニーズが予想以上に強かったのです。特に人気が高かったのは「デジタルデトックスの旅」というアイデアです。

現代人は「いつでもつながっていること」が当たり前になってますが、実は「止まる時間」への需要が高まっていたのです。そこで「何もしない贅沢」を満喫する旅行プラン「デジタルデトックスの旅」が生まれ、宿泊客に利用してもらっています。

困っていることや弱さは隠すものではなく、逆に共感を生む可能性と捉えると発想が広がります。

商品を変えずに大ヒットを生む

「缶つま」は商品をそのままに何を変えて売上を伸ばしたのか?

食品メーカーや食品卸は、商品の低価格化と、コンビニ、スーパーなどの流通の力が強くなっていることで利益を出しづらい構造に悩まされています。

そんななか、特に差別化がしづらかった缶詰マーケットで、食品卸の国分グループ本社が発売した「缶つま」シリーズは、工場のラインの設備投資をせず、中身も大きく変えることなく新しい缶詰需要を生むことに成功し、2014年には売上が20億円に迫る勢いで成長していました。

中身を変えずに、何を変えたことで、国分は新しい需要をつくることができたのでしょうか。

ヒント 缶詰はどういうシーンで食べるのか?

A-27

お酒のお供として酒好きに特化して販売した

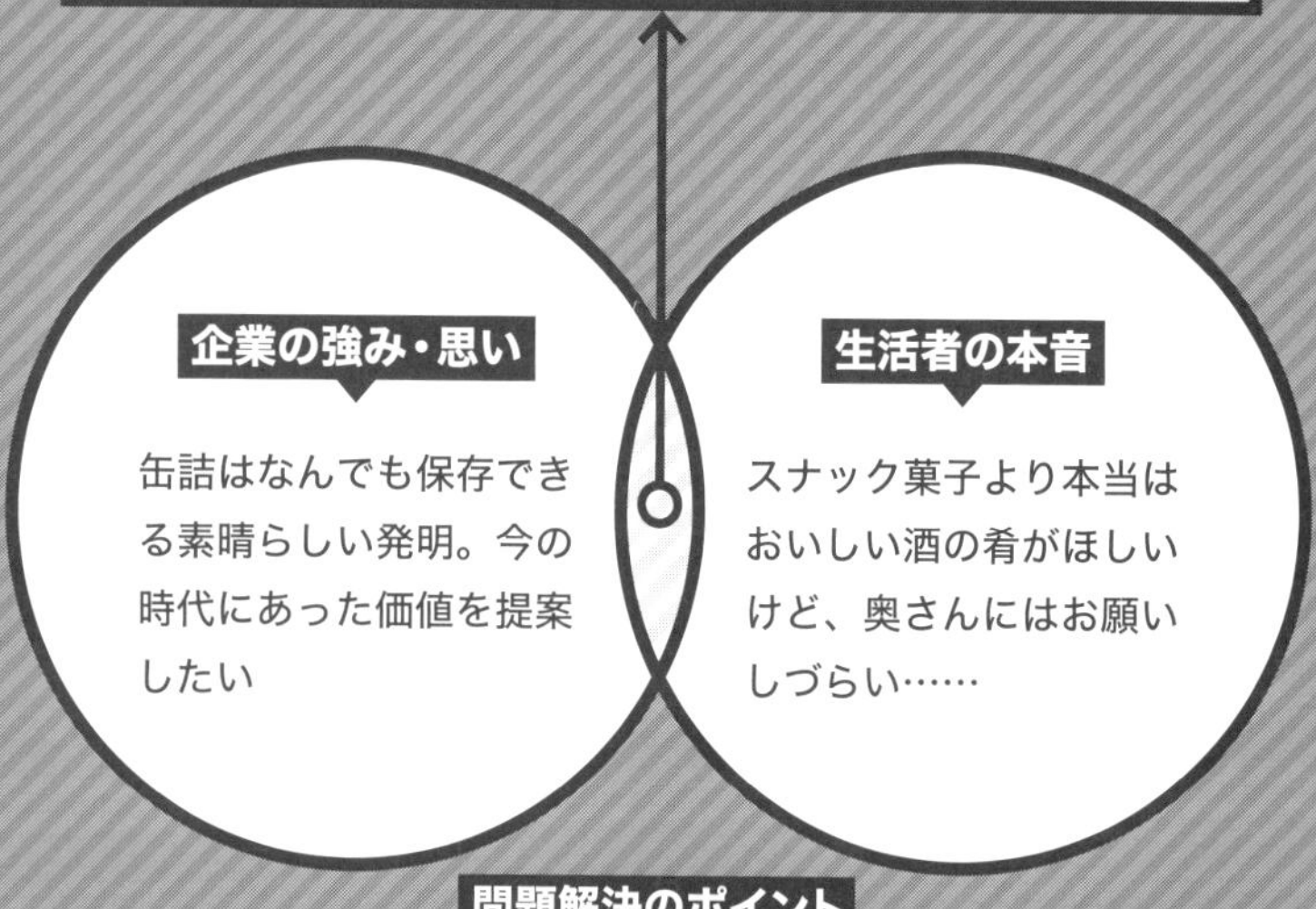

企業の強み・思い

缶詰はなんでも保存できる素晴らしい発明。今の時代にあった価値を提案したい

生活者の本音

スナック菓子より本当はおいしい酒の肴がほしいけど、奥さんにはお願いしづらい……

問題解決のポイント

- その土俵にお客様がいるのか。いなくなっていたら、相撲は取れない
- 利益率が低いビジネスモデルは早々に脱却し、新しい事業を考える必要がある
- 忙しい奥さんにつまみを作ってほしいと言える男性は少なかった
- 300円の鯖缶が割高に感じても、居酒屋の500円の鯖と比較したら、とたんに安く感じる

重ねる技術 勝てる土俵をつくる

どんなに得意分野でも、勝てない土俵で勝負していたら勝てません。また、激変する市場において、戦っていた土俵自体がなくなってしまうリスクも高まってきています。

富士フイルムの事業転換は代表的なケースです。化学フィルム市場という自らがつくり上げた市場だったとしても、デジタルカメラの台頭により土俵自体がなくなってしまっては相撲が取れないと見切りをつける必要がありました。

そこで、自社の技術を棚卸しし、写真フィルムの主原料であるコラーゲンの研究と、写真の色あせを防ぐための抗酸化技術が、美しい肌づくりに応用できることを突き止めました。そして「アスタリフトシリーズ」を皮切りに美容品、ヘルスケアにビジネスを転換しています。

素晴らしい技術を持ち、競争優位性を持っていたとしても、土俵がなくなってしまっては戦うことすらできません。強みに特化することと同じくらい、勝てる土俵を選ぶことは重要なのです。

企業の強み・思い

価格競争をするのではなく、缶詰の価値を高めたい

缶つまの生みの親である食品統括部の森公一副部長は、こう言います。

「価格競争が非常に厳しく、取引先との商談で中身よりも『価格を安くしてくれ』という要望ばかりでした。今、生鮮品は流通インフラが整備され、冷凍食品やレトルトなど様々な形態の保存食品もあります。さらにコンビニや宅配サービスなどでいつでもどこでも食品が手に入る時代ですから、長期貯蔵する商品への需要もそこまで高くありません」

常に厳しい価格競争にさらされ、成熟しきった缶詰マーケット。だからこそ「安いモノばかり売っていていいのか、缶詰そのものに何か付加価値を持たせられないか」と考えていたといいます。

また食品卸は、利益率が低いビジネスモデルのため、自社のリソースを最大限生かせる方法を模索していたのです。

生活者の本音

家飲みだって、ちょっとはうまい酒の肴がほしい

「料理はしたくないけど、家でも居酒屋みたいにおいしいおつまみを手軽に味わいたい」と、酒飲みなら誰でも思いますよね。スナック菓子を買ってきてちょっと飲むぐらいでは

物足りないけれど、忙しい奥さんにおつまみを作ってほしいなんて言える男性はそう多くありません。

重なりの発見 おつまみに特化した缶詰にした

いつまでも缶詰のおかず市場で戦い続けていたら、はごろもフーズ、マルハニチロをはじめとする大手企業との分の悪い勝負をし続けることになります。

さらにコンビニでも新鮮でおいしい食品が手に入る時代に、わざわざ保存食を買うニーズは高くありません。

そこで国分は、ご飯用の缶詰マーケットではなく、缶詰というリソースを生かしつつ、おつまみ市場に参入したのです。どの土俵を選ぶかで、同じ技術、同じ商品だったとしても価値は違ったものになります。

「おいしい缶詰を作れる」国分の強みと、「家で手軽に安く飲みたい」という時代背景が重なった結果、成熟しきった缶詰マーケットに新たなカテゴリーが生まれたのです。

価格も価値も、相手が変わればまったく変わります。

主婦にとって晩ごはん用に使う鯖缶だったら１００円かもしれませんが、うまい酒を飲むためのおつまみだったら300円でも安いかもしれません。

比較する対象が居酒屋の500円のメニューであれば、300円の缶詰はお手頃なおつまみになります。

新しいカテゴリーをつくるために国分には強いこだわりがあります。

「商品化にあたっての絶対的なルールがひとつだけあって、それはやはり〝おつまみとして、お酒を飲みたくなるかどうか〟です。試作品を食べて『うまい！　ご飯のおかずにいいね！』だったら、缶つまとしてはボツ。もちろん、どのように食べるかはお客さまの自由ですが、私たちは基本的に『おかず？　冗談じゃありません！』というスタンスですから（笑）」と、森氏は語っています。

「缶つま」は発売初年度で1億8000万円の売上を達成すると、わずか数年でおつまみ缶という市場をつくったのです。

貧困層の人々にも、人間として接する

グラミン銀行はどのようにして貧困層を相手に融資をできるようにしたのか？

グラミン銀行創始者であるムハマド・ユヌス氏は大学で貧困問題の撲滅を研究していました。研究を通じてわかったことは、貧困から抜け出したくても融資を受けられずに施しを待つしかない貧しい人々の現実でした。

そこで貧困層をターゲットに融資を行うグラミン銀行を立ち上げたのですが、立ちはだかった大きな問題は、「返済をどう実現させるか」ということです。

ユヌス氏はある施策をとったことで、95％以上の驚異の返済率を実現させました。ユヌス氏はいったいどんな打ち手をとったのでしょうか。

ヒント 1人ひとりにそれぞれ貸していたらうまくいかなかったかも

A-28

村人5人1組の
連帯責任性の融資を行った

企業の強み・思い

利益を最大化することを目的とするのではなく、貧困を撲滅させることを目指した

生活者の本音

貧困層の村人の「他の村人に迷惑をかけたくない」という強い責任感と経済的に自立したいという強い欲求

問題解決のポイント

- 応援されるビジネスには必ずミッションが存在する
- そもそも貧困層をターゲットにした銀行はなかった
- 貧困層である村人たちは、村のつながりがしっかりしていて協力しあって生きている
- 世界初の貧困層のための銀行が担保にしたのは、仲間という社会的資本

重ねる技術 ミッションから始める

利益が上がっているのに共感されない企業があります。中毒性のある課金モデルで多額のお金をつぎ込ませようとするソーシャルゲームや、安い賃金と過酷な労働条件で洋服を作らせているファストファッションブランド。一時は時代の流れで売れることもありますが、問題が明るみに出ると社会から批判され、消費者も遠のいていく。一度地に落ちたブランドを再び蘇らせるのは至難の業です。

一方、社会をよりよく前進させるため、問題解決に取り組む企業が増えつつあります。人はその問題やビジョンが大きければ大きいほど魅力を感じ、企業を応援するようになります。

ビジネスモデルは簡単に真似できますし、サービスも真似できます。ただ、何のためにやっているかというルーツ、創業者の思いから生まれた気持ちは真似することができません。

結果的にミッションから始まった企業のほうが、ユーザーから見てもオリジナリティがあります。また、枝葉を真似てつくられたビジネスよりも一貫性があるので、事業としても成果を出しやすくなります。

企業の強み・思い

「貧困を博物館に」というミッション

設立者であるユヌス氏は銀行員ではなく、大学教授でした。彼の頭のなかにあったのは、「貧困を博物館に」というミッションです。

もしも、彼が、銀行を成長させることを目的としていたなら、そもそも貧困層をターゲットにした銀行は生まれませんでした。また、できない理由のほうがよっぽど大きかったので、挑戦は始まっていなかったに違いありません。

しかし、ミッションから始めたことで、「どうすれば実現できるのか」と可能性を探せたのです。

生活者の本音

支援が欲しいのではなくて自立したい

自立させるためには、「魚を与えるのではなく、魚の釣り方を教えよ」という金言がありますが、多くの貧困支援は、食料物資の提供など与えることが中心です。しかし、物資支援が終わってしまうとまた貧困に陥ってしまう。原因から根本的に解決するためには、貧困層の人たちが自分たちで事業を起こし、経済的に自立することが必須です。ただ、その種銭となる融資を貧困層に行う銀行は世界のどこにもなかったのです。

それも当然。銀行の「いいお客さん」といえば、しっかりと返済してくれて、高額の取引を行えるので安定収益となる富裕層の人たちです。

しかし、本当に貧困層の人たちは返済をしないのでしょうか。貧困問題を研究していたユヌス氏はフィールドワークを通じて、貧困層の人たちに経済的に自立したいという思いと、強い責任感があることを知っていました。

そして、村社会では約束を破ると村八分にされる恐れがあるため、都市で暮らす人より村人たちのほうが協力しあって生きていることもよく理解していました。

重なりの発見　貧困層のための銀行

「貧困層の村人の、『他の村人に迷惑をかけたくない』という強い責任感、そして経済的に自立したいという強い欲求」と、「グラミン銀行の『貧困を博物館に』というミッション」が重なった結果、世界初の貧困層のための銀行が誕生しました。

貧困層だからといって責任がないわけではありません。彼らには責任感があることを見抜き、融資をする際、債務者に5人1組のグループを組ませたのです。

融資は1人ずつ順番に行われ、1人が返済を終えないと他の人は融資を受けられないというルールを導入。融資を受けた村人が返せなくなりそうになったときには残りの４人も協力することで返済が滞らないようにさせました。

村社会で暮らす貧困者にとって、仲間という社会的資本はきわめて重要だということを見抜き、グラミン銀行は、この連帯責任制によって、高い返済率を担保しています。

高くても売れる条件

Q-29

格安扇風機があるなか、1台3万円もするバルミューダの扇風機はなぜ売れたのか?

価格で競い合う家電業界。扇風機も例外ではなく、その価格は下がる一方でした。そんななか、1台3万円を超えるにもかかわらず、品切れ状態が続出し、話題となったバルミューダの「GreenFan Japan(グリーンファン・ジャパン)」。数千円で買える扇風機が並ぶ家電量販店で、なぜ「GreenFan Japan」だけが、3万円でも品切れになるほど売れたのでしょうか。

ヒント 機能の勝負では限界が来てしまいます

A-29

春先に窓から入ってくるような そよかぜを再現した

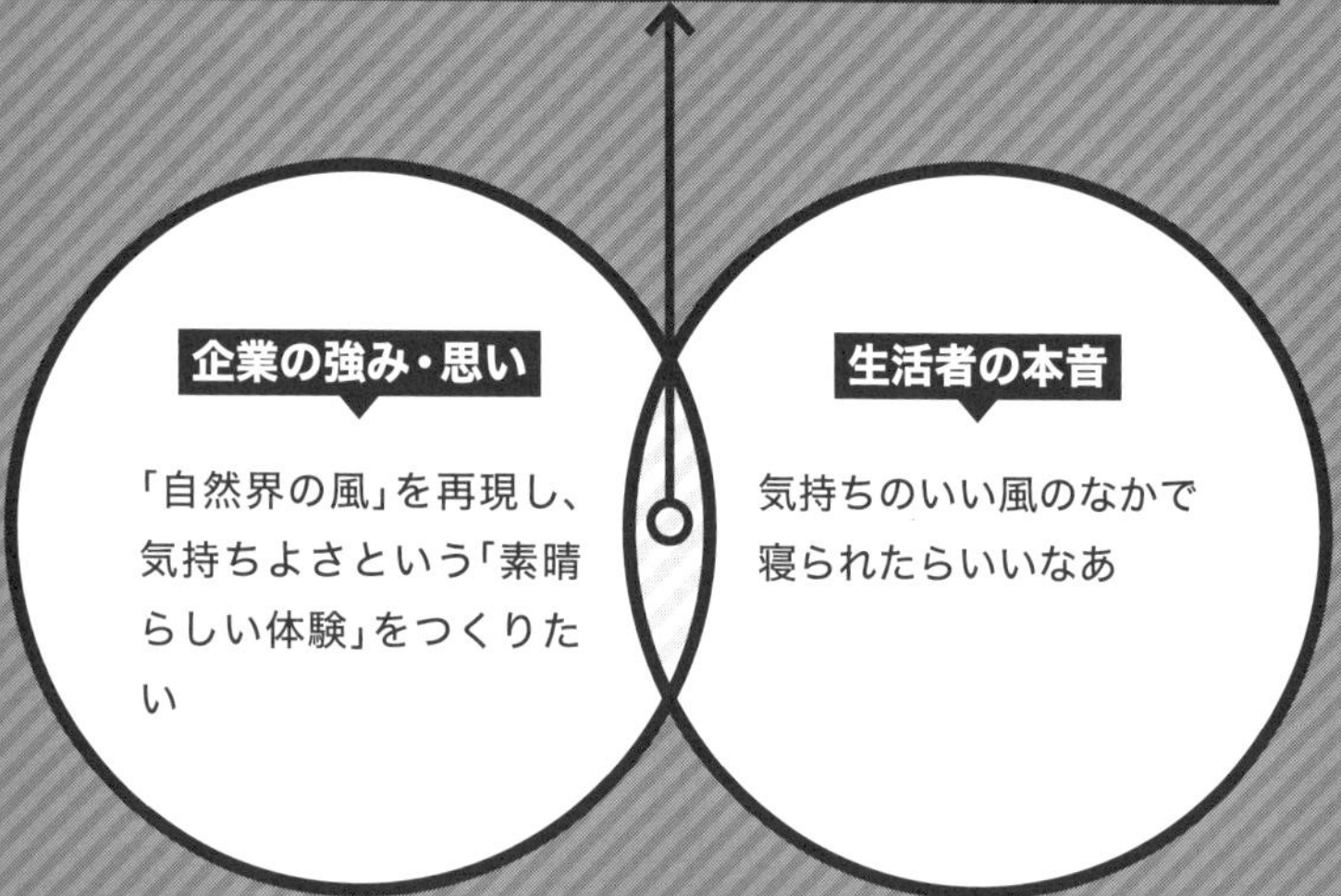

企業の強み・思い

「自然界の風」を再現し、気持ちよさという「素晴らしい体験」をつくりたい

生活者の本音

気持ちのいい風のなかで寝られたらいいなあ

問題解決のポイント

- 機能と価格だけで勝負しようとしていないか自問する
- 他社の商品を模倣して横並びにするより、顧客の本当に求めることを発見する
- お金に換算できない「体験」こそ、他社との違いを生む
- 寝苦しい夏の夜に、気持ちよく寝てもらえるかどうかを追求する

重ねる技術 「建設的な無駄」を取り入れる

強い風量を謳ったり、価格を抑えたりすることは、本当に生活者の役に立つことなのでしょうか。もちろん家電量販店に行けば、値段と性能を訴求する商品ばかり。ただ、その風量が強くなったことで、「どのように人の体験が変わるのか」という先を考えない限り、買い替えなんて起こりません。

２０１５年に、バルミューダは扇風機だけではなく、頬っぺたが落ちるくらいおいしいトーストが焼けるというトースターを２万５０００円（実売価格）で発売しました。高額にもかかわらず、生活者から受け入れられています。なぜベンチャーが大手家電メーカーより高い評価を受けているのでしょうか。

バルミューダ代表取締役の寺尾玄氏は言います。

「『２万５０００円の高機能トースター』

あなたは買いますか？　『高い』と思うのが普通だと思います。通常、トースターは数千円で買えるのに、２万５０００円のトースターには手を出せないというのが正直なところでしょう。マーケティングを少しかじった人なら、市場がないのにそんなトースターを作るなんて、ちょっと頭がおかしいんじゃないかと思うかもしれませんね。

では、『世界最高においしいトーストを食べる体験』

こう言われると興味がわきませんか？　『どんな味だろう、食べてみたい』と。それが2万5000円だったとしても、買う人は出てくるはず。

つまり、人は『モノ』を欲しがっているわけではないのです。人が本当に欲しいと思うものは、何かの『道具』を使ったときに得られる感動や驚き、すなわち『素晴らしい体験』なのです」

実は、体験という感覚的な価値は大きな参入障壁となりえるのです。なぜならば、予算枠が決まっている大手企業は機能開発以外の体験開発という数値化できない部分に投資判断をしづらいからです。最高においしいトーストを食べる体験をつくるためには社員がいろいろなパン屋さんを巡って、一見遊んでいるように見えることも許容しなければいけなくなります。この体験という無駄なコストと思える部分に違いが生まれる。まずはこの事実に向き合う必要があるのです。

企業の強み・思い　「自然界の風」を再現したい

従来の扇風機の風は、人工的でずっと当たっていると体が冷えすぎてしまう難点がありました。風は直線的で、送り出される風が渦を巻いており、私たちが不自然で人工的だと感じる原因となっていました。

そこで、バルミューダは、顧客が寝るときの「気持ち」に寄り添い、「自然界の風」を再現することに取り組んだのです。

生活者の本音　心地いい風を感じながら寝られたらなあ

夏の寝苦しい夜は、春先に窓を開けたときに入ってくるようなそよかぜを感じながらぐっすり寝たいもの。だけど、窓を開けたら熱風も、蚊も入ってきます。だからといってエアコンをつけると夏風邪をひいてしまうこともあるし、従来の扇風機では寝苦しく、夏の寝苦しさという問題は未解決事件でした。

心地いい風を感じながら寝られたらなあという生活者の願いは、家電量販店の価格と機能競争では解決されていなかったのです。

重なりの発見　自然界の風を送り出す扇風機

そこでバルミューダが考えたのは、性能を上げることではなく、どうすれば素晴らしい体験を提供できるかということでした。

「気持ちのいい風のなかで寝られたらいいなあ」という生活者の願いと、バルミューダの「送風という機能を超えた『素晴らしい体験』をつくりたい」という思いが重なり、自然界の風を送り出す扇風機は生まれたのです。

アスクルの成長の裏に、速さ以外に何があったのでしょうか？

今では、当たり前のように利用されている法人向けのオフィス用品宅配サービスですが、以前は総務部が文具店に買いに行ったり、電話で注文を行っていました。

文具メーカーのプラスが、翌日には商品が届く「アスクル」事業を開始したことで、総務部の負担は大きく減り、利用法人数も年々伸びていました。

さらにアスクルは、増加した利用客の多様なニーズに応えるために、ある決断をします。その決断がアスクルを大きく成長させることになりますが、その決断とはいったい何でしょうか？

ヒント ショッピングモールには多種多様なお店が存在しています

A-30

競合の商品も扱うことにした

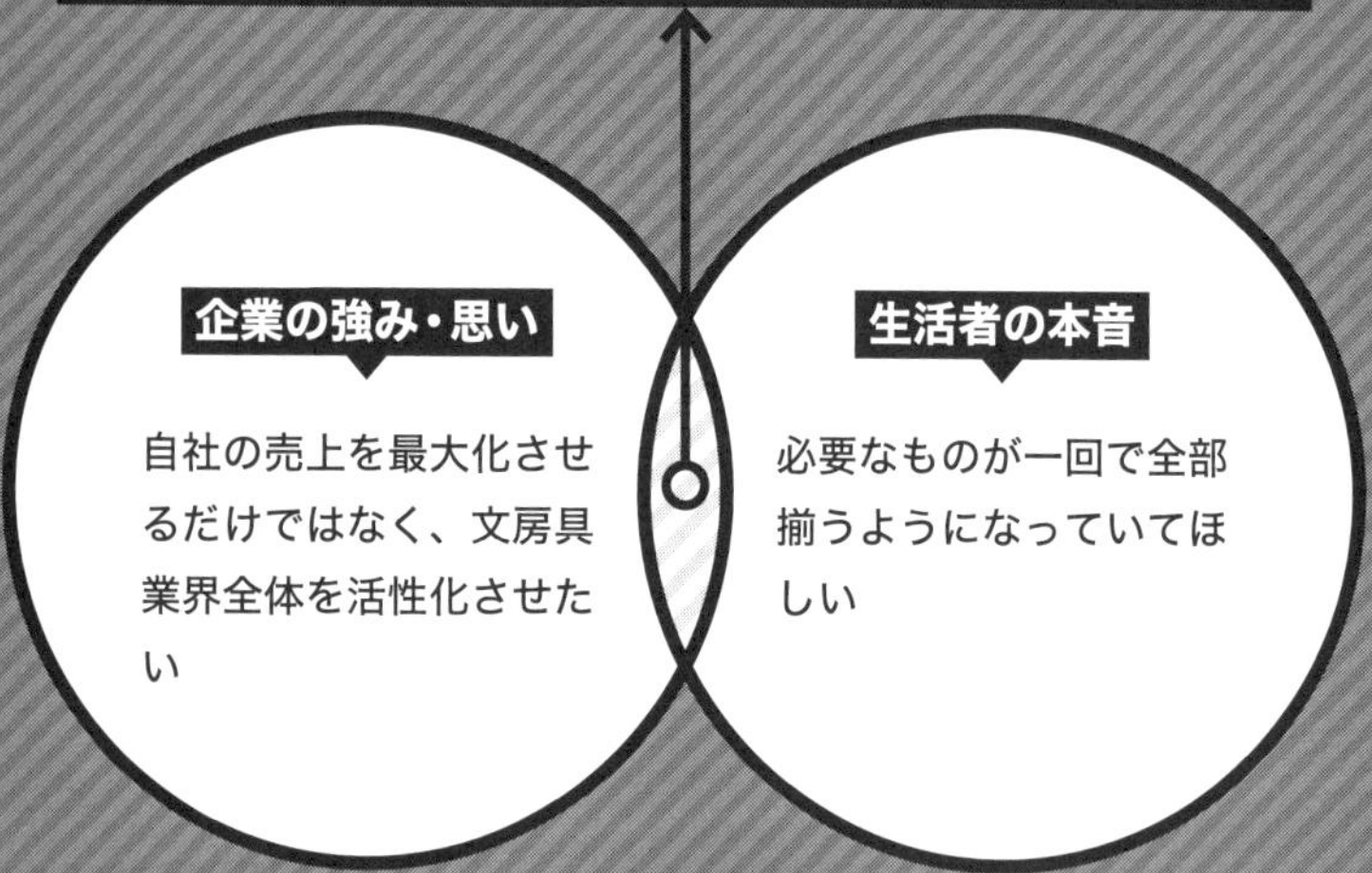

企業の強み・思い

自社の売上を最大化させるだけではなく、文房具業界全体を活性化させたい

生活者の本音

必要なものが一回で全部揃うようになっていてほしい

問題解決のポイント

- 「白」でもなく「黒」でもない「グレー」な判断がますます求められるように
- ある局面では味方、ある局面では競合という場合でも、握手する大人の対応を
- お客様からすれば、プラスの商品だけがほしいのではなく文具が揃うことを求めていた
- 業界の成長、顧客の視点からすると、競争することだけが必ずしも正しいとは限らない

重ねる技術

「見方」を変えて、「味方」にする

「昨日の敵が今日の友になる」ケースが増えてきています。AppleとGoogleは、iPhoneとAndroidというスマートフォンメーカーとしては競合ですが、iPhoneアプリではGoogle Mapsが推奨されています。

もしも互いに互換性を持たないように、メーカーの論理で動いていったらどうなるでしょうか。

ユーザーにとってはひどく使いづらい商品が増え、ユーザーは離れていってしまいます。競合が得をする戦略は心理的に立てづらいことは百も承知ですが、ゼロイチで判断するのではなく、グレーな世界での判断が必要になるケースがますます増えてくるでしょう。

そんなグレーな判断をするには、「顧客にとって役に立つのか」という問いが不可欠です。

自社の短期的な利益を追ったり、業界内で小競り合いをしたりしていては、業界の成長につながりません。これからは一部分では「競合」、一部分では「味方」というまだらな状態を受け入れるマインドも必要になってきます。

これは見方ひとつの問題です。「見方」を変えて、「味方」を増やしたほうが可能性も開けるはずです。

企業の強み・思い

お客様の目にも触れず売れないのでは、死んでも死にきれない

今ではプラスブランドよりアスクルを知っている人のほうが多くなりましたが、もともとはプラスという文具メーカーの一事業としてアスクルは始まっています。

当時からいい商品を作っていましたが、コクヨをはじめ大手メーカーがひしめくなかで、ユーザーになかなか知ってもらえないという課題を抱えていたのです。

当時のことを振り返って、岩田彰一郎社長はこう語っています。

「お客様に選ばれないのではなく、お客様の目にも触れず売れないのでは、死んでも死にきれない。ならばお客様に届くようなシステムをつくろうと思ったんです。それが今のアスクルなんです」

さらに、経営テーマとして、自社の売上の最大化ではなく、卸店、文具店とも力を合わせて文房具業界のエコシステムをよりよくすることを掲げていました。

ですので、競合の商品を扱うかどうかは、文房具業界にとっていいことなのか、顧客にとって価値を見出せることなのかという視点で判断することができたのです。

生活者の本音　必要なものが一回で全部揃うようになっていてほしい

顧客にとって、すべてプラスの文具で揃えたいというニーズがあったわけではありません。そうではなく、必要なものが一度で全部揃い、かつ品揃えがいい利便性を求めていました。

重なりの発見　「ありとあらゆる商品」をオフィスに届ける

岩田氏は次のようにも語っています。

「創業当時のアスクルはプラスの商品だけを扱っていて、それをお客様に勧めていましたが、それが本当にお客様の望んでいることなのかというとそうではなかった。こちらが売りたい商品とお客様が欲しい商品はいつも合致するわけではないんですね。『学習する組織』と呼んでいますが、どんどんお客様から学んでそれを事業に取り入れていく、ということが大切なんだと思います」

お客様である法人総務部の担当者の本音は、「プラスの商品が欲しいわけではなく、欠品する前に必要な文具、さらにはオフィスで必要なものを取り揃えておいてほしい」ことでした。そして、アスクル側の「文房具業界を活性化したい」という問題意識が重なった結果、自社の商品のみの宅配から、「ありとあらゆる商品」を翌日までには届けるサービスへと進化したのです。

もちろん一部の商品は競争に巻き込まれることもありましたが、選択肢が増えたことでより利便性が高まり、品数も圧倒的に増えたため、アスクルの売上は大きく伸びました。もしもメーカー視点で競合を見ていたら、他社の商品を自社の顧客網に販売することはなかったはずです。アスクルは、「プラス以外の商品も届けてほしい」という顧客の声に自社ビジネスの新しい可能性を見出しました。

敵味方という見方は、ある局面においては正しいですが、別の局面では握手をする大人の対応が必要となります。戦いだけではなく、業界の成長という観点、そして顧客の視点から関係を見直せば、昨日の敵が、今日の味方になることもあるのです。

おわりに　やわらかに問題解決を

数多くの問題解決本が存在するなかで、私には何ができるんだろうと考えていたときのことです。ふらっと近くの書店に行ってみると「○○流 問題解決」的な書籍がたくさん並んでいました。横文字のメソッドと分析手法がたくさん紹介されているけれど、はたして読んだ後にどれだけの人が、この手法を活かせるんだろうと単純な疑問が湧いてきました。慣れないメソッドをたくさん使ったら、余計に物事が複雑になるんじゃないかと思ってしまったのです。

私はコンサルティングファーム出身ではなく、マーケターであり、事業家です。日々相手にしているのは、生身の人間です。ユーザーの満たされていないニーズを発見して、商品、コミュニケーションを通して買っていただく商いを生業にしています。

現場では、難しい提案書も役に立ちません。お客様の問題をシンプルに解決する必要があるのです。

そこで私は、物事を難しく捉えるのではなく、人間本来のやわらかな思考こそ、問題解決につながることを伝えられるのではと考えるようになりました。
私の好きな言葉に、井上ひさしさんのこの言葉があります。

「むずかしいことをやさしく、やさしいことをふかく、ふかいことをおもしろく」

仕事柄、いろいろな方とディスカッションする機会が多くありますが、すぐに答えを出そうという方が多くいらっしゃいます。論理的に考えれば、すぐに答えが見つかると思っているようです。しかし、解決策の糸口は、一見遠回りに感じる考え方や、思考の枠を取り払うことで初めて見えてくるものです。

ロジカルシンキングで問題を解決しようと力むのではなく、柔軟に物事を捉えるところから始まるのです。難しいことをやさしく、このマインドセットがこれからの問題解決には必要なのではないでしょうか。

本書では、一見解決不可能な問題も、やさしくやわらかくシンプルに解決する思考法を、30のケースを通して紹介してきました。どんなに手法が発達しても、テクノロジーが発達しても、結局人間を相手にして私たちの仕事は成り立っているのだと考えれば、より人間味のある考え方が大切であると改めてお気づきいただけたのではないでしょうか。

ですので、自分は論理的ではないから問題を解決できないというふうには思わないでください。逆に、感情が豊かで想像力のあるほうが、人の痛みがわかりますし、周りを巻き込んでいける時代なのです。

改めて、なぜ私はこういう考え方に至ったのか、人生を振り返ってみました。私の人生最古の記憶はニューヨークの幼稚園で心細く教室にいる思い出でした。7歳までニューヨークで暮らしていたのですが、英語も大してしゃべれないのに現地校に通っていたのでいつも不安だったことを覚えています。「どうすればアメリカ人と仲良くなれるんだろう」と、子どもながらに相手と自分の接点を見つけようと無意識のうちに思っていたのかもしれません。

そして、突如7歳で日本に帰ることに。登校初日に母が気合を入れてコーディネートしてくれた黄色いハーフパンツに赤いTシャツは、体操着を着たクラスメイトとのギャップを浮き彫りにしてくれました。あだ名もマイケルになりました。

おそらくこの大きなズレを修正していく人生のなかで、私自身の独自性を失わずに、相手のニーズと擦り合わせていくという思考回路が磨かれていったように思われます。気づけば、合わせるだけでもなく、押し付けるだけでもない、ちょうどいい重なりを発見することができるようになっていたのです。

この考え方はマーケティングと大変相性がよく、マーケターとしてのキャリアをスタートさせたのでした。

この人生経験を土台に、商品、店舗、ウェブサービスや地方創生といった幅広いジャンルの依頼をくださっているクライアントの皆様と問題を解決していくなかで、いつしか「重なり思考」は少しずつ磨かれていき、読者の皆さんにお伝えできるまでの考え方となりました。

本書の刊行にあたって、ダイヤモンド社の編集者である市川さんと武井さんには大変お世話になりました。当初はマーケティングの書籍を書く予定でしたが、「重なり思考」は、マーケティングを超え、より多くの問題解決に応用できると可能性を広げてくださいました。この考え方は、営業マンにも、経営者にも、社内のコミュニケーションに悩む新入社員にも活かせると言ってくださり、幅広い読者層と私の重なりを発見してくれたのです。

そして、大変ありがたいことに、Blabo! に声をかけてくださるクライアントは増え続けています。クライアントの皆様のおかげで、生活者の声から生まれた商品やサービスをたくさん世に送り出すことができています。一緒に商品と生活者のズレをなくせ、マーケター冥利に尽きます。ありがとうございます。

また、「生活者の本音が、作り手に届かずズレが生じてしまっている」という問題意識から生まれた「誰でも商品開発に関われる共創プラットフォーム Blabo! も、ユーザーやメンバーに支えられて、すくすく育ってくれています。感謝しきれません。

ただ、この状況に甘えてしまってはすぐにズレが生じてしまうのが世の常。世の中やテクノロジーが変われば、Blabo! とユーザーやクライアントもズレるはずです。重なりが生まれても、それは終わりではなく始まりにすぎません。ふんわりやわらかく、皆さんと接点を持ち続けられるように私も楽しくがんばっていくつもりです。

（一緒に Blabo! と世の中の重なりをより強くするために働く仲間も探しています）

最後に、本書を読んでくださった皆さんが問題解決というのは難しいことじゃないんだと気づき、この問題解決の考え方を少しでも活用していただければ何よりの幸せです。また、どこかでお会いできたり、一緒に仕事ができればうれしく思います。

それでは皆さんの問題に、ブラボな解決策が見つかることを願って。

ブラボ！

坂田直樹

2016年10月

○ジャパネットたかた

- ジャパネットたかたについて　ホームページ　http://www.japanet.co.jp/
- 「モノを伝えるのではない」、NIKKEI STYLE、2016年7月29日配信
  http://style.nikkei.com/article/DGXMZO04697010R10C16A7000000

○オカムラ

- 「成長を加速させるために楽天が選んだ〝動く〟デスクとは?」、東洋経済オンライン
  http://toyokeizai.net/articles/-/88608

○スマートニュース

- 「『経絡秘孔を突け』優れたプロダクトの生み出し方とは?」、Industry Co-Creation、2016年7月28日配信
  https://industry-co-creation.com/management/3478
- 「『WHYを柱にする』プロダクト時代における〝ブレない〟開発の極意」、Industry Co-Creation、2016年7月29日配信
  https://industry-co-creation.com/management/3479

第5章　「オリジナリティ」を考える力が身につく

○HAKATA Spicy caviar

- 『世界の経営学者はいま何を考えているのか』(入山章栄著・英治出版)
- 「アメリカ人の『食わず嫌い』を'言葉'で直したレストランオーナー」、語学力アップブログ、2013年8月5日配信
  http://www.alc.co.jp/gogakuup/blog/2013/08/HimiOkajima-01.html
- 「〝コラーゲンブーム〟をつくった男が明かした、言葉で現象を生み出す最もシンプルな方法」、ログミー
  http://logmi.jp/52343

○缶つま

- 「国分の大ヒット商品『缶つま』の生みの親に聞いた、誕生と成功秘話～国分株式会社」、フーズチャネル、2014年8月19日配信
  https://www.foods-ch.com/shokuhin/1407235987883
- 「売り上げ20億円オーバーの超絶ヒット中、高級缶詰『缶つま』シリーズの仕掛け人に秘密を訊いた!」、週プレNEWS、2014年10月3日配信
  http://wpb.shueisha.co.jp/2014/10/03/36642/

○グラミン銀行

- 『未来は言葉でつくられる』(細田高広著、ダイヤモンド社)

○バルミューダ

- 「市場に答えはない」、NewsPicks、2016年6月27日配信
  https://newspicks.com/news/1632213/body/
- 「消費者はモノなんて買わない」、日経ビジネスオンライン、2015年11月5日配信
  http://business.nikkeibp.co.jp/atcl/opinion/15/102800010/110400003/

○アスクル

- 「お客様と一緒に進化し5000億円企業をめざす／アスクル社長　岩田彰一郎」、企業家倶楽部、2000年12月27日配信
  http://kigyoka.com/news/magazine/magazine_20141211_3.html
- 『ビジネスモデルを見える化する ピクト図解』(板橋悟著、ダイヤモンド社)

○Wii U

- 「どうやってWiiのコンセプトを広く伝えていったのか?」、ITmediaビジネスオンライン、2016年5月20日配信
http://www.itmedia.co.jp/business/articles/1605/20/news024.html
- 「社長が訊くWiiプロジェクト〜Wiiが誕生したいくつかの理由」、任天堂ホームページ
https://www.nintendo.co.jp/wii/topics/interview/vol2/02.html
- 「適切な大きさの問題さえ生まれれば。」、ほぼ日刊イトイ新聞、2008年11月13日配信
https://www.1101.com/umeda_iwata/2008-11-13.html

○いすみ鉄道

- 「近年廃止された鉄軌道路線」、国土交通省
http://www.mlit.go.jp/common/001136976.pdf
- 「『鉄ちゃん』社長、赤字ローカル線『いすみ鉄道』を再生」、プレジデントオンライン、2015年7月6日配信
http://president.jp/articles/-/15642
- 『ローカル線で地域を元気にする方法：いすみ鉄道公募社長の昭和流ビジネス論』(鳥塚亮 著、晶文社)
- 「『葉っぱビジネス』の仕掛け人が語る、高齢者活用の重要性」、事業構想、2015年10月号
- 「葉っぱが町を救う！ 2億6000万円を生み出す葉っぱビジネスとは?」、SUUMOジャーナル、2013年12月18日配信
http://suumo.jp/journal/2013/12/18/56330/

○宇宙兄弟

- 『ぼくらの仮説が世界をつくる』(佐渡島傭平著、ダイヤモンド社)
- 「『宇宙兄弟』担当編集者の描く、作品への"愛"を育むコミュニティ作りとは」、SENSORS、2015年12月24日配信
http://www.sensors.jp/post/yuhi_nakayama_1.html

○JINS PC

- 「【業界情報】眼鏡・コンタクトレンズ」、日経NEEDS業界解説レポート、2016年9月16日
- 『振り切る勇気 メガネを変えるJINSの挑戦』(田中仁著、日経BP社)
- 「国民的ビジネス!? メガネ店を知る」、R25、2009年4月3日配信
http://r25.jp/business/90006597/

第4章　常識を疑い、「新しい価値」を考える力が身につく

○フルグラ

- 「U.S. organic sales post new record of $43.3 billion in 2015」、Organic trade association、2016年5月19日配信
https://www.ota.com/news/press-releases/19031
- 「カルビー『フルグラ』、4年で年商5倍の裏側」、東洋経済オンライン、2015年8月19日配信
http://toyokeizai.net/articles/-/80943
- 「健康志向の高まりで、ヨーグルト市場は3年連続拡大」、ITmediaビジネスオンライン、2013年1月30日配信
http://bizmakoto.jp/makoto/articles/1301/30/news071.html

○Pepper

- 「2代目ペッパー、家庭向けは"ほぼ別人"だった」、東洋経済オンライン、2015年6月23日配信
http://toyokeizai.net/articles/-/74275

第2章　制約のなかで、解決策を考える力が身につく

○近畿大学

- 近畿大学について　ホームページ　http://www.kindai.ac.jp/
- 『ゲーム・チェンジャーの競争戦略』（内田和成著、日本経済新聞出版社）
- 「18歳人口と高等教育機関への進学率等の推移」、内閣府
 http://www8.cao.go.jp/cstp/tyousakai/kihon5/1kai/siryo6-2-7.pdf

○パーク24

- タイムズ駐車場について　ホームページ　http://www.park24.co.jp/
- 「時間貸し駐車場最大手パーク24の情報システム戦略　『駐車場もカーシェアリングもシェアするビジネスという基本は同じ。TONICによって短期間に新規事業を確立』」、ダイヤモンド・オンライン、2011年7月19日配信
 http://diamond.jp/articles/-/13141

○日本交通

- 日本交通について　ホームページ　http://www.nihon-kotsu.co.jp/

○サンセバスチャン

- 『人口18万の街がなぜ美食世界一になれたのか』（高城剛著、祥伝社）

○ネスカフェ アンバサダー

- 自販機普及台数及び年間自販金額、一般社団法人日本自動販売機工業会
 http://www.jvma.or.jp/information/fukyu2014.pdf

○旭山動物園

- 旭山動物園について　ホームページ
 http://www.city.asahikawa.hokkaido.jp/asahiyamazoo/

第3章　「共感される戦略」を考える力が身につく

○東京R不動産

- 「『ここにしかないもの』を考えることから〝東京の未来〟は始まる：東京R不動産・林厚見」、WIRED、2015年9月26日配信
 http://wired.jp/2015/09/26/atsumi-hayashi/
- 「草食系マッキンゼーが営む、面白い不動産屋」、東洋経済オンライン、2013年2月14日配信
 http://toyokeizai.net/articles/-/12906
- 『だから、僕らはこの働き方を選んだ 東京R不動産のフリーエージェント・スタイル』（馬場正尊、林厚見、吉里裕也著、ダイヤモンド社）

○JR東日本

- JR東日本について　ホームページ　http://www.jreast.co.jp/
- 「勝つために必要なのは勇気じゃなくて、計算です。」、cakes、2014年3月5日配信
 https://cakes.mu/posts/5035
- 『未来は言葉でつくられる』（細田高広著、ダイヤモンド社）
- 「改札内に商業施設が出現『エキナカビジネス』をプロデュース」、女の退職@type、2006年6月20日更新
 http://woman.type.jp/s/vitamin03/18/

参考文献

第1章 「無理難題」を解くための考える力が身につく

◯ユニバーサル・スタジオ・ジャパン

- 「USJの入場者数、東京ディズニーシーを抜く…世界4位に」、RBB TODAY、2016年5月27日配信
  http://www.rbbtoday.com/article/2016/05/27/142305.html
- 『USJのジェットコースターはなぜ後ろ向きに走ったのか』（森岡毅著、KADOKAWA）

◯ガリバー

- Freeeについて　ホームページ　https://www.freee.co.jp/

◯ルンバ

- ルンバについて　ホームページ　https://www.irobot-jp.com/roomba/index.html

◯楽天イーグルス

- 楽天イーグルスについて　ホームページ　http://www.rakuteneagles.jp/
- 「【2回表】　新球団誕生、ファンになってもらうにはどうすればいい?」、日経ビジネスオンライン、2010年7月23日配信
  http://business.nikkeibp.co.jp/article/manage/20100723/215556
- 「【3回表】　球場に居酒屋みたいな席があってもいいんじゃない?」、日経ビジネスオンライン、2010年8月16日配信
  http://business.nikkeibp.co.jp/article/manage/20100816/215798

◯スタディサプリ

- 「未来人のコトバ　『チャンスを見過ごさない』」、NHK経済フロントライン、2015年11月14日配信
  http://www.nhk.or.jp/keizai/kotoba/20151114.html
- 「高校生が語る「受験サプリ」活用術、講義動画が高い評価」、リセマム、2014年10月3日配信
  http://resemom.jp/article/2014/10/03/20720.html
- 「受験サプリの生みの親・山口文洋。自称『暑苦しい男』の生き方」、NewsPicks、2015年6月29日配信
  https://newspicks.com/news/1035089/body/
- 「980円のオンライン予備校　『受験サプリ』を生んだ戦略とは?」、ダイヤモンド・オンライン、2015年9月15日配信
  http://diamond.jp/articles/-/78361

◯QBハウス

- 「〝最新美容室軒数美容師数〟都道府県別・各種ランキングから今を読み解く【データ編】」、月刊「美容界」、2016年2月号
- 「55歳で起業――10分／1000円のヘアカットで新しい価値基準を提案」、ITmedia エグゼクティブ、2011年4月25日配信
  http://mag.executive.itmedia.co.jp/executive/articles/1104/25/news019.html
- 「楽天の危機…停滞鮮明で成長『演出』に必死、ヤフーの猛攻でトップ陥落」、ビジネスジャーナル、2016年1月3日配信
  http://biz-journal.jp/2016/01/post_13136.html

［著者］
坂田直樹（さかた・なおき）
株式会社Blabo代表取締役CEO、マーケター

ユニリーバ・ジャパンのマーケティング部門にてブランド戦略立案、新商品開発に従事。その後、株式会社エニグモにて新規事業を立ち上げ、2011年に株式会社Blaboを創業。生活者のアイデアを取り入れた商品開発を行う日本最大級の共創プラットフォームBlabo!を運営。Blabo!では1万4000人を超える生活者がプランナーとして活躍しており、キリンビールや三井不動産、ハウス食品などの大手企業から経済産業省、神奈川県、鳥取県などの行政機関まで、幅広いクライアントが採用している。
鳥取県プロジェクトが全国知事会先進政策大賞を受賞。2015年度グッドデザイン賞など受賞歴多数。連載「ズレない思考で、ヒットを作れ！」（東洋経済オンライン）のほか、「クローズアップ現代」（NHK）、「ニュースJAPAN」（フジテレビ）などメディア出演も多い。問題解決をより身近にするために「重なり思考®」をはじめとしたメソッドの開発も精力的に行っている。

株式会社Blabo　https://bla.bo/corp
Blabo!　https://bla.bo/

問題解決ドリル
——世界一シンプルな思考トレーニング

2016年10月27日　第1刷発行
2018年8月21日　第2刷発行

著　者——坂田直樹
発行所——ダイヤモンド社
〒150-8409　東京都渋谷区神宮前6-12-17
http://www.diamond.co.jp/
電話／03·5778·7232（編集）　03·5778·7240（販売）
装丁————西垂水敦(krran)
本文デザイン—大谷昌稔
企画協力——古屋荘太(本の企画)
製作進行——ダイヤモンド・グラフィック社
印刷————堀内印刷(本文)・加藤文明社(カバー)
製本————ブックアート
編集担当——武井康一郎

ISBN 978-4-478-10085-1